디자인씽킹 도우미

Design Thinking Toolkit

디자인씽킹 도우미 Design Thinking Toolkit

발 행 | 2020년 10월 21일
저 자 | 유구봉
펴낸이 | 한건희
펴낸곳 | 주식회사 부크크
출판사등록 | 2014.07.15(제2014-16호)
주 소 | 서울특별시 금천구 가산디지털1로 119 SK트윈타워 A동 305호
전 화 | 1670-8316
이메일 | info@bookk.co.kr

ISBN | 979-11-372-2106-2

www.bookk.co.kr

디자인씽킹 도우미

Design Thinking Toolkit

유구봉 지음

BOOKK

머리말

디자인씽킹을 처음 접하고 무언가 프로젝트에 접목하여 진행하다 보면 디자인씽킹에서 추구하는 가치관은 무엇인지는 알겠는데, 프로젝트를 어떻게 수행해야 하는지에 대해서는 어려움을 겪는 경우가 많습니다. 이럴 때 '다양한 도구들이 있었으면 좋겠다'라는 생각을 하게 됩니다.

각 단계마다 기본적으로 사용하는 도구들이 있기는 하지만 꼭 이런 도구만 사용해야 하는 것은 아닙니다. 상황에 따라 세상에 알려진 많은 도구중에 필요한 것들을 사용하면 되는 것입니다.

이 책에 소개되는 대부분의 도구들은 기존에 있는 것들이며, 디자인씽킹 프로젝트를 수행하기 위해 도구들을 수집하고 정리하여 편리하도록 설명을 하였습니다. 도구는 사용하기에 따라 다르게 활용되기도 하며, 오히려 쓰지 않는 것이 좋은 경우도 있기 마련입니다. 충분이 숙지 후에 잘 활용하길 바라며, 도구에 너무 의존하여 디자인씽킹에서 추구하는 가치가 흔들리거나 형식화 되어 보여주기 식이 되지 않기를 바랍니다.

디자인씽킹 프로젝트 수행 방법이나 기본적인 도구는, 본 저자가 이전에 집필한 『Design Thinking Project Guide Book』을 참고하고, 다른 도구를 좀더 활용하고 싶을 때 보조적인 수단으로 본 책을 활용하면 좋을 것 같습니다.

책의 구성은 총 4장으로, 『제1장 Exploration Tools_탐색 도구, 제2장 Analysis Tools_분석 도구, 제3장 Ideation Tools_아이디어 도구, 제4장 Evaluation Tools_평가 도구』로 되어 있으며, 총 36개의 도구를 소개하고 있습니다.

도구마다 처음 설명에 디자인씽킹에서 주로 어느 단계에서 사용되는지 설명을 했습니다만, 다른 단계에서도 얼마든지 나름대로 활용하시면 더 좋은 결과를 얻을 수 있을 것입니다.

각 도구의 사용에 대한 세부적인 내용이 부족할 때는 사례의 출처를 활용하여 웹사이트를 방문하고 좀 더 상세한 내용을 학습하시면 프로젝트 수행에 도움이 될 것입니다.

CONTENT

제3장 Ideation Tools_아이디어 도구

제4장 Evaluation Tools_평가 도구

CHAPTER 1

탐색 도구
Exploration Tools

01

TEAM CHARTER

팀차터(Team Charter)는 프로젝트를 수행하는 처음 단계에서 사용하며, 팀원의 특성이나 역할, 생각 등을 서로 공유하여 프로젝트 수행을 더욱 효과적으로 진행하기 위한 도구입니다.

팀원들이 모여 자신이 누구인지, 자신에게 중요한 것이 무엇인지, 무엇을 위해 노력 하는지를 하나의 단순한 시각으로 만드는 것입니다. 이것을 통해, 프로젝트의 청사진, 즉 균형 잡힌 팀을 만드는 데 도움을 얻을 수 있습니다. 공동 작성 문서인 팀차터는 프로젝트의 범위를 설정하면서 팀의 방향을 명확히 하는데 목적이 있습니다.

각 팀원들의 생각들을 정리하는 것이므로 자유롭게 의견을 나누는 것이 중요합니다. 서로의 의견에 대한 다양성은 존중하되, 마지막에는 어느 정도 공동의 방향성을 정해야 합니다. 개인적으로 어느 정도 동의하지 않는 부분이 있더라도 정해진 공동의 방향성에는 따라주는 것이 중요합니다.

팀원이 하나의 버스를 같이 타고 여행하듯이, 프로젝트의 목적지로 이동한다는 설정을 합니다.

팀원들이 서로의 의견을 나누면서 아래의 질문에 대답해 가며 공동으로 작성합니다.

① 팀원: 버스에 탄 사람은 누구이며, 각 개인이 팀에 개별적으로 가져 오는 것은 무엇입니까? 예: 역할, 개인 핵심 가치, 기술, 개인 슬로건, 성격/특성

② 운전자: 운전을 하는 사람은 누구입니까?

　　　　누가 프로젝트의 리더입니까?

③ 기대: 팀원들은 성공하기 위해 서로에게 무엇을 기대합니까?

팀차터(Team Charter)

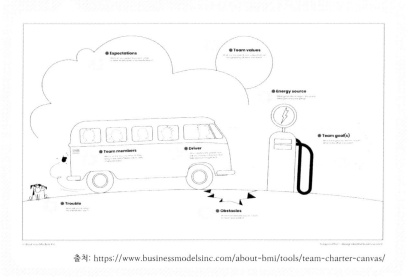

출처: https://www.businessmodelsinc.com/about-bmi/tools/team-charter-canvas/

④ 팀 가치: 팀이 존재하는 가치는 무엇입니까?

　　　　모든 팀원이 이러한 가치를 인정하고 있습니까?

⑤ 장애물: 팀이 성과를 내고 목표를 달성하는 데 방해가 되는 것은 무엇입니까?

⑥ 에너지원: 팀에서 에너지를 생성하는 것은 무엇입니까?

　　　　모든 사람들이 최고의 결과를 얻기 위해 무엇을 하게 될까요?

⑦ 팀 목표: 팀이 달성 하고자 하는 목표는 무엇입니까?

⑧ 문제상황: 팀이 문제상황에 부딪치면 무엇을 하시겠습니까?

[사례]

　화이트보드에 그림을 그리고 그 위에 포스트잇을 활용하여 작성하는 것도 좋은 방법입니다. 작성 후에 사진으로 촬영하여 보관 후 활용합니다.

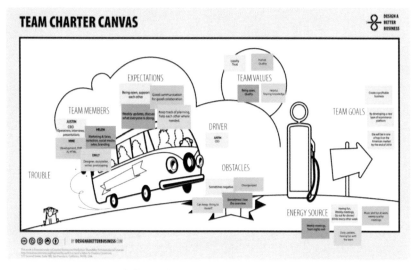

출처: https://designabetterbusiness.com/2017/08/24/team-charter-canvas/

팀차터의 정확한 형식은 팀마다 다를 수 있습니다. 워드 문서로 작성하기도 하고 스케치를 통해 시각화 하기도 합니다. 성공을 위해 팀을 구성하는 한 모든 형식이 최상의 형식입니다.

출처: https://www.mural.co/blog/team-charter

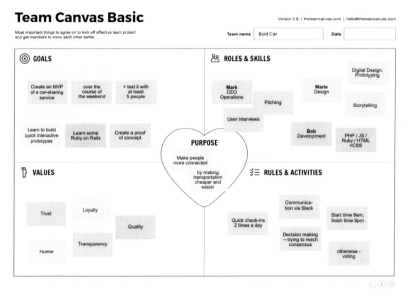

출처: http://theteamcanvas.com/use/

02

PEST ANALYSYS

PEST 분석(Pest Analysis)은 프로젝트 수행 초기 단계에서 사용하며, 정치적 환경(Political Environment), 경제적 환경(Economical Environment), 사회문화적 환경(Social Environment), 기술환경(Technological Environment)의 앞 글자를 따서 만들었으며, 시장의 큰 흐름을 찾아내기 위해 사용하는 분석 도구입니다.

해당 제품의 기업 상황과 경제와 사회의 변화 등 외부환경 분석을 하는 방법 중 하나이고, 외부 거시환경 분석에 활용할 수 있는 프레임워크입니다.

가장 중요한 것은 각 항목별 요인들을 단순히 파악하는 것이 아니라, 각 항목이 사업에 어떠한 영향을 미칠지, 위협 또는 기회요인을 찾아내고, 그에 적합한 대책을 수립하는 것이 중요합니다.

PEST의 변화를 바탕으로 현재 자신이 속한 세계가 앞으로 어떻게 변화할 것인지 그려볼 수 있습니다.

프로젝트와 관련된 현재 시장의 환경을 파악하는 것이 중요하므로 가능하면 최신 자료를 조사하시기 바랍니다.

[사용방법]

PEST의 각 해당 칸에 아래의 내용을 분석자료를 검토해가며 작성합니다.
① 정치적 환경(Political environment): 법률 및 각급 시행령의 변화, 정치적 리스크, 관세 등 무역 조건의 변화, 정치적 이슈의 변화

PEST 분석(Pest Analysis)

P	E	S	T
POLITICAL	ECONOMICAL	SOCIAL	TECHNOLOGICAL

② 경제적 환경(Economical environment): 국내 총생산의 변화, 물가상승률 변화, 이자율 변화, 환율 변화, 원자재 가격 변화, 경제 환경 변화의 전망, 주로 경제적 생태계 변화와 관련된 측면에 대한 분석 및 장기, 중기, 단기적으로 경제의 변화에 대한 각종 지표나 전망 등을 포괄하는 부분

③ 사회문화적 환경(Social environment): 인구 통계학적 분포의 변화, 소비자 구매 패턴의 변화, 라이프사이클의 변화, 사회 통념의 변화, 사회문화적 생태계와 관련된 측면에 대한 분석

④ 기술적 환경(Technological environment): 신기술의 등장, 기존 기술의 도태, 기술의 확산 및 일반화

[사례]

Hospitability Industry 분석 사례입니다.

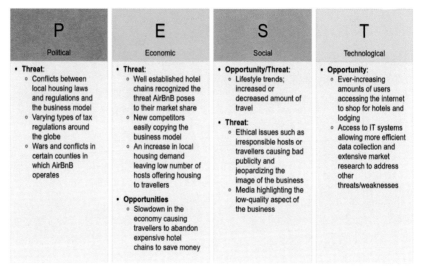

출처: https://online.visual-paradigm.com/diagrams/templates/pest-analysis/hospitability-industry/

제약 관련 기업의 분석 사례입니다.

〈도표1〉 PEST분석

〈Political 정치〉	〈Economic 경제〉	〈Social : 사회〉	〈Technological: 기술〉
· 정책변환	· DPC	· 병원통폐합	· 전자처방전
· 의료비제도	· PATH	· 경제불황	· 인터넷 정보
· 재생의료	· 기업진단	· 약국철퇴	· (질환영역에 있어)혁신적 신약기술
· 후기고령자의료제	· 도매 기능	· 서구화생활습관	· 유전자진단기술
· 연금제도	· 소포장화	· 의료사고 소송	
· 특정진료	· 조제전문약국	· 5분 진료	
· 처방전양식변경	· HP그룹화	· 간호인력 부족	
· 제너릭사용촉진	· 체인화	· 고령화	
· 포괄수가제	· 보험공단 재정난	· 의료관광	
· 분업화	· P4P		

출처: http://www.pharmnews.com/news/articleView.html?idxno=51442

태국 국가 관련 분석 사례입니다.

I. 태국

II. 동남아 방한시장 분석

1-1. 거시환경 : PEST분석

태국의 정치상황은 현재 군부 쿠데타로 인해 불안정한 상황이며 경제적으로는 대홍수 이후 회복국면에 접어든 것으로 보입니다. 사회적으로는 K-Pop 등 한국대중문화의 영향력이 증대되고 있고 기술적으로는 모바일 인터넷 환경이 지속적으로 개선되어 이와 관련된 마케팅 활동 역시 증가할 것으로 보입니다.

Political - 정치	Economic - 경제	Social - 사회	Technical - 기술
· ASEAN의 맹주 - 태국은 1967년 ASEAN 창설을 주도하는 등 동남아시아 내 주도적인 역할을 하고 있음 · 정치적 불확실성 - 2014년 탁신 전 총리 사면 법안으로 촉발된 태국 군부 쿠데타로 총리 해임 - 현재는 군부를 중심으로 한 과도 정부가 정권을 지닌 상황 - 헌법 개정 작업 지연으로 '17년 이후에 민간으로 권력이 이양될 예정으로 정치적 불확실성이 존재하고 있음	· 대홍수로 인한 침체 회복추세 - '12년 대홍수로 인해 경제 침체 국면을 그리던 태국 경제는 '14년 3분기 이후 마이너스 성장세를 벗어났으며, 2015년에는 2.8% 성장하며 점차 경기가 회복되는 양상을 보이고 있음 · 충진국 할점 - 노동집약적 산업 중심으로 발전하던 경제가 임금 상승, 노동인구의 감소 등으로 인해 산업 고도화 역량이 떨어져 잠재 성장률이 감소할 것으로 예상됨	· (한류) - 한국 드라마, K-POP등을 통해 한국 상품에 대한 긍정적인 이미지가 현지에서 조성되고 있음 · (한국 뷰티제품에 대한 선호) - 여성의 경제활동 참가율이 높은 편으로 한류의 영향으로 한국산 화장품 등 뷰티 제품에 대한 수요가 있음	· (4G 서비스의 시작) - '16년 중 4G 이동통신 서비스가 시작될 것으로 전망됨 - 태국 유통기업 Central그룹에 따르면 태국 온라인 유통시장은 전체 유통산업의 1% 수준이나 4G 서비스가 시작되면 '20년에는 8%까지 성장할 것으로 기대하고 있음 · (LINE의 온라인 플랫폼) - 태국 내 1위 메신저인 LINE이 LINE SHOP을 론칭했으며, 한국제품을 전용 취급하는 '안녕샵세요'가 개설됨

출처 : KOTRA ʼ2016 태국 진출 전략, 태국 국가 정보

정치적으로 불안정, 경제적으로 회복국면, 사회적으로 한국 대중문화 영향력 증대, 기술적으로는 모바일 환경개선 요인이 두드러짐

Crowe Horwath.

- 13 -

 한국관광공사

출처: https://kto.visitkorea.or.kr, KTO_동남아_관광객_유치_확대_전략

03

BUSINESS MODEL CANVAS

비즈니스 모델 캔버스(Business Model Canvas)는 프로젝트 수행 초기 단계에서 사용하며, 비즈니스에 포함되어야 하는 9개의 주요 사업 요소를 한눈에 볼 수 있도록 만든 도구입니다.

알렉산더 오스터왈더가 당시에 사용해 오던 비즈니스 모델이란 용어에 대해 조사를 진행하여 9개의 핵심요소로 재구성하면서 만들어진 것입니다. 간단히 말하자면, 기업이 어떻게 돈을 버는지를 보여주는 캔버스인 것입니다.

서비스의 가치를 창출-전달-획득하는 원리의 9가지 요소로 분석하고 설계하여, 이러한 9가지 요소들이 상호 간의 정합성을 확보하고 시너지를 창출할 수 있도록 설계하려는 것입니다.

해당 제품의 비즈니스 환경이 어떠한 상황에 놓여있는지를 파악하고, 향후 고객에게 어떠한 가치를 전달할 것인지를 고민하는데 사용 가능합니다.

[사용방법]

　다음 질문들을 보며 각 항목에 맞게 작성합니다.

① 핵심파트너: 당신의 주요 파트너/공급자는 누구인가요?

② 핵심활동: 어떤 활동으로 수요자가 원하는 가치를 전달하는 가요?

　　　　　　 제공되는 제품/서비스는 무엇입니까?

　　　　　　 제공 플랫폼, 네트워크 등은 무엇인가요?

비즈니스 모델 캔버스((Business Model Canvas)

① 핵심파트너	② 핵심활동	⑤ 가치제안	⑥ 고객관계	⑧ 고객
	③ 핵심자원		⑦ 채널	
④ 비용		⑨ 수익		

③ 핵심자원: 제안하고 있는 가치는 어떤 자원이 필요 한가요?

④ 비용: 가장 많은 비용을 필요로 하는 것은 무엇인가요?

⑤ 가치제안: 고객에게 어떤 가치를 제공하고 있나요?

⑥ 고객관계: 어떤 방식을 통해 수요자와 연결되고 있나요?

⑦ 채널: 어떤 경로를 통해 수요자와 연결되고 있나요?

⑧ 고객: 가장 중요한 고객은 누구인가요?

⑨ 수익: 어떤 부분에서 매출을 얻어낼 수 있을까요?

　　　 고객이 지불하고 싶어하는 가치는 무엇일까요?

[사례]

월마트 비즈니스 모델 분석 사례입니다.

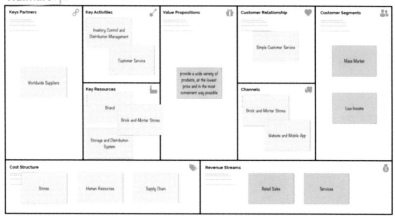

출처: https://businessmodelanalyst.com/

콘삭스의 현재 비즈니스 모델 분석 사례입니다.

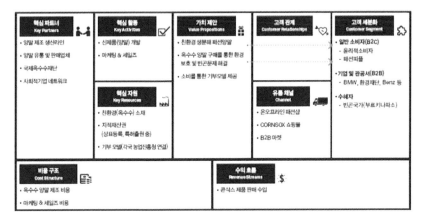

출처: http://ibr.kr/279

다음과 합병하기 전 카카오의 비즈니스 모델 분석 사례입니다.

㈜카카오 Business Canvas (예)

핵심파트너(KP)	핵심활동(KA)	가치제안(VP)	고객관계(CR)	고객(CS)
·위메이드(게임) ·통신사 ·포도트리 (카카오페이지) ·투자자 ·컨텐츠개발자	·모바일 메시징 서비스 ·모바일 응용 프로그램 서비스	·무료 메신저 서비스 ·사진공유서비스 (카카오스토리) ·모바일 플랫폼 (스토리, 게임, 디지털 컨텐츠)	·User- 커뮤니티 ·기업/개발자- 플랫폼제공, 마케팅 관리	·스마트폰 사용자 ·플러스 친구 제휴 업체 ·스마트폰 게임 개발자(업체) ·광고주
	핵심자원(KR)		유통채널(CH)	
	·카카오 플랫폼 ·플랫폼을 통한 사용자 그룹 (거대회원수) ·브랜드네임/캐릭터		·모바일 앱(마켓) ·웹(PC)	
비용구조(C$)		가치창출(V$)	수익원(R$)	
·데이터 센터 유지 관리(하루 메시지 건수 26억건) ·광고비 ·인건비		·모바일 서비스 플랫폼 제공 - 서드파티 개발환경 제공, 파트너 업체들과 공유수익모델 ·컨텐츠 통합을 통한 컨텐츠 보급과 확산	·기본 사용자 무료 ·판매수수료 ·(기프티콘, 플러스 친구, 유료 이모티콘, 카카오게임,카카오페이지) ·광고	

출처: https://since45.tistory.com/12

04

CURRENT-BARRIERS-FUTURE

현재-장벽-미래(Current-Barriers-Future)는 프로젝트 수행 초기 단계에서 사용하며, 문제점 혹은 Pain point를 정의하고 현재 상화에 대한 명확한 가시성을 확보하는 도구입니다.

비즈니스와 관련된 여러 조직이나 많은 담당자들이 있으면 더욱 효과적으로 수행할 수 있고, 참가자들은 여러 환경이나 조건에 제한을 두지 않고 생각해야 좋은 결과를 만들 수 있습니다.

[사용방법]

진행자는 주제를 문장으로 제시하고 간단히 설명을 합니다. 참가자들은, 그것을 달성하기 위해 고민하고 토의하며 결과를 도출합니다.

① 전지를 좌우로 3등분 합니다.

② 좌측에서 첫 번째에는 현재(Current)를, 세 번째에는 미래(Future)를 명시합니다.

③ 참가자 각각이 느끼는 현재와 이상적인 미래상황에 대하여 포스트잇에 적어 전지에 붙이고 공유합니다.

④ 두 번째(가운데)에는 장벽(Barriers)을 명시한 후 하단에 현재에서 미래로 가기 위한 여정을 가로막는 Challenge, Pain Point, 장애물들이 무엇인지 포스트잇에 적어 전지에 붙이고 공유합니다.

 * 장애물은 사람, 프로세스, 기술의 주요 영역으로 나눌 수 있습니다.

⑤ 장벽 하단에 장애물들이 모두 붙여지고 공유가 완료되면 장애물들마다 어떻게 해야 할 지 아이디어를 도출합니다.

현재-장벽-미래(Current-Barriers-Future)

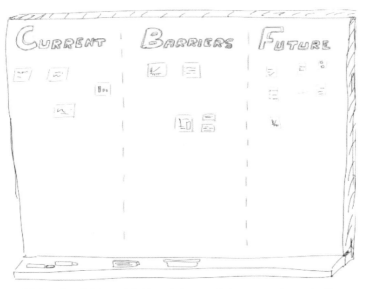

출처: https://www.linkedin.com/pulse/design-thinking-pre-sales-human-centered-approach-siddiqui-acxp

05

CONTEXT MAP CANVAS

컨텍스트 맵 캔버스(Context Map Canvas)는 프로젝트 수행 초기 단계에서 사용하며, 맥락의 이해를 돕기 위해 사용하는 프레임 워크입니다. 또한, 단순한 시각화를 통해 고객이 직면한 다양한 환경들에 대해 이해를 넓힐 수 있는 도구입니다.

각 요소에 맞추어 팀원들이 파악하고 있는 고객사의 내/외부 정보들을 공유하는 동시에, 넓은 관점에서 각 요소들이 어떠한 연관관계를 가지고 있는지 통합적으로 탐구할 수 있습니다. 또한, 팀이 제품과 조직의 경계를 넘어 사고를 확장하고, 세상에서 일어나고있는 일과 미래에 기업의 비즈니스에 영향을 미칠 변화에 대해 더 깊은 대화를 나누도록 돕기 위한 것입니다.

프로젝트에 해당하는 기업의 가장 중요한 트렌드를 파악하는 데 도움이 됩니다.

팀을 더 작은 하위 팀으로 나누고 각 팀에 캔버스의 두 섹션을 할당하여 작업하면 더욱 효과적으로 사용 가능합니다.

[사용방법]

다음 질문들을 보며 자료조사를 바탕으로 작성합니다.

① Your company: 귀하의 회사 또는 조직은 무엇입니까?

② Demographic trends : 인구 통계, 교육 수준, 고용 상황에 대한 데이터를 찾습니다. 이 분야에서 큰 변화는 무엇입니까?

③ Rules & regulations: 가까운 미래에 적용될 정책, 규칙 및 규정은 무엇입니까? 정부는 무엇을 하고 있습니까?

컨텍스트 맵 캔버스(Context Map Canvas)

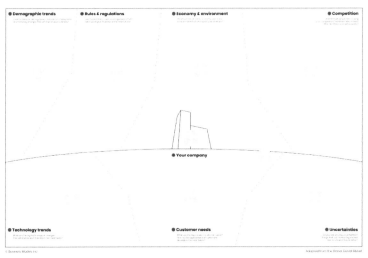

출처: https://www.businessmodelsinc.com/about-bmi/tools/context-canvas/

④ Economy & environment: 경제 관련 무슨 일이 일어나고 있습니까? 비즈니스에 영향을 미칠 경제 동향이 있습니까?

⑤ Competition: 경쟁은 어떻습니까? 예상치 못한 경쟁을 찾으십시오.

⑥ Technology trends: 비즈니스에 영향을 미칠 기술 동향은 무엇입니까?

⑦ Customer needs: 고객 니즈는 앞으로 어떻게 변할까요? 새로운 트렌드가 보이십니까? 고객 행동에 큰 변화가 있습니까?

⑧ Uncertainties: 중요한 불확실성이 보이십니까?

잠재적으로 큰 영향을 미칠 수 있지만 언제 어떻게 해야 할지 불분명 한 것들이 있습니까?

[사례]

마케팅 전략 구축 사례입니다.

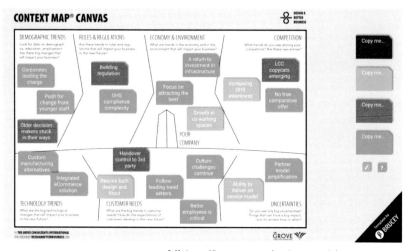

출처: https://brucey.com.au/marketing-tools/strategy-context

테슬라와 자동차 산업에 대한 분석 사례입니다. Tesla 외부에서 일어나고 있는 상황을 보면, 인구 통계 학적 추세는 전기 운전이 더 대중화되는 반면에 자동차 소유가 감소한다는 것입니다. 자동차 산업 컨텍스트 맵에서 자동차 생산 및 자동차 기술과 관련하여 일어나고 있는 일도 확인할 수 있습니다.

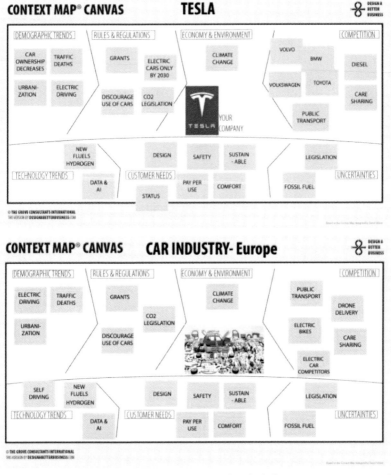

출처: https://designabetterbusiness.com/2017/09/14/drives-mobility-market-2017/

06

OBSERVATION

관찰하기(Observation)는 공감하기(Empathize) 단계에서 사용하며, 수요자, 고객, 이해관계자의 경험에 기반하여 깊이 이해할 수 있는 도구입니다.

관찰하기를 통해 높은 공감대의 스토리를 제공할 수 있으며, 기존 편견이나 선입견을 허물 수 있습니다. 또한, 고객 중심의 관점에서 문제를 해결할 수 있습니다.

고객을 이해하기 위한 가장 좋은 방법은 직접 현장에서 관찰하는 것입니다.

관찰하기는 직접관찰(First Hand Observation)과 간접관찰(Second Hand Observation)로 나눌 수 있습니다.

직접 관찰은 고객의 사업장 또는 온라인 스토어를 방문하여 제품을 구입하고 직접 사용하기도 하면서 소비자로서, 왜 매장에 방문하고, 매장에서 무엇이 관심을 끄는지, 매장에 다시 방문할 이유는 무엇인지 등과 같은 질문을 스스로에게 하기도 합니다. 또한, 다른 소비자들이 어떻게 경험하는지 관찰하고 필요한 경우, 인터뷰를 실시합니다.

간접관찰은 고객의 서비스나 제품에 관한 온라인 리뷰, 블로그, SNS 컨텐츠들을 읽기도 하고, 관련 벤더, 소비자, 파트너 담당자들과 대화 나눈다 거나 가족, 친구 등 주변 사람들에게 관련 서비스나 제품에 대한 경험 물어보는 것입니다. 좀 더 깊게는 소비자들이 서비스나 제품을 어떻게 생각하는지 또는 업체가 소비자들과 어떻게 교류하는지를 파악합니다.

[사용방법]

현장에서 직접 관찰하며 기록한 내용을 토의해 가며 작성합니다.

관찰 내용에 따라 심도 있게 토의하고 숨겨져 있는 이슈나 니즈를 해석하는 것이 중요합니다.

관찰하기(Observation)

경험단계	관찰 내용	해석

① 경험단계: 수요자가 서비스를 경험(사용, 체험)하는 단계입니다.

② 관찰내용: 관찰되는 수요자의 경험, 특이한 행동, 반복적인 행동 등 입니다.

③ 해석: 관찰내용을 토대로 특이점이나 패턴 등을 분석하고, 어떤 의미나 영향이 있는지 해석합니다.

[사례]

택배 포장 관찰 사례입니다.

경험단계	관찰내용	해석
택배상자 포장	- 우체국①호 상자의 경우 윗·밑면 1번씩 테이핑 → 포장하는 데 1분 미만 - 우체국⑤호 상자의 경우 윗·밑면 ⊞ 의 형태 → 포장하는 데 3~6분 테이핑 횟수 가로 2~3회 세로 3~4회 - 2개의 우체국을 방문 ① 연세대 우체국 → 커터기o ② 송도 우체국 → 커터기x →①의 경우 택배포장 속도·비름 - 20대 총각인 세로 2번, 양쪽 윗·밑면 2번씩 남 : "터져, 더	→ 크기가 적으면 무게도 적고, 포장이 안뜯어 질거라는 심리적인 안도 ⑤호(세로 2번, 모서리 1번씩, 밑다 2번) → 3분; 40대 아주머니 같음 커터기 없이 사용해볼것 6분; 박스 15개를 빈틈없이 넓혀 똑똑이 로 밀봉+띠웠음 풀붙임 아줌마- 커터기X 가위o ⑤호 박스정도는 만들어음 (사랑했다.) →속도 2배로 느려짐

경험단계	관찰내용	해석
택배상자 개봉	- ▧ 종이컵 박스 바닥(특) 조립식임 → 풀, 테이프X - 종종 절심박힌 상자도 있다 - 왜 박스는 다 네모모양인지 - 왜 박스는 다 종이일까? ex)울안경 플라스틱 - 박스에 종이분리배출 표시 - (우체국 그림) 개인포장 박스 적재시 가장 아래부분에 위치해 다른 적재물들에 의해 눌림 → 상자가 변형되면서 테이핑벗어짐 - 앞에 박스가 들어있는 이중포장의 박스들을 열면으로 개봉으로 뭐여눴어 - 진열용 박스는 점선이 있다 - 오뚜기 특 옆면 자꾸 뜯음 (손잡이도 있다)	→ 가벼운 박스는 이렇게도 함 → 박스 재질이 더 견고하고 두껍다 → 적재효율을 높이기 위해? → 질긴 플라스틱으로 쓰면 방수에 더 좋을 것 같음 but, 누르는 힘에 약해서 안쓸 → 종이 재활용이 안되는 재료도 있을 것 같다. → 적사각형 박스형태 포장은 특정 부위에 눌리면 변형이 잘 되는 것 같다. (실험포인트; 네모형태에 따른 견고함 정도 확인해보기) → 박스를 빼기 쉽게 하려고

전통시장 관찰 사례입니다.

경험단계	관찰내용	해석
해충퇴치	- 파리채, 손을 사용할 때, 제품에 닿는 경우 있음. - 파리채를 생선 위에 흘려 놓는 경우 있음. - 회전형 해충퇴치기는 절반 이상 사용 중 · 전기 시설이 없는 위치의 가게는 회전형 해충퇴치기 사용못함 상황 - 모기향은 모두 건어물 상점에서 사용중 - 판매하는 상품에 커버사용 하는 곳 없음 - 파리 쫓으러 사용하는 경우 있음	- 파리채, 손은 일시적인 효과 있음 - 회전형 해충퇴치기는 작동 범위는 비교적 효과 없음. 범위 밖은 효과 미비
진열	- 포 뜨지 않는 반건조 생선은 매달아 놓음 (조기·굴비 등) - 오래된 플라스틱 소쿠리, 신문지 위에 올려놓는 경우 있음. - 그물망 안에서 건조되는 포를 뜬 생선도 있음. - 포뜨지 않고 매달려 건조되는 생선은 벌레의 표적이 됨.	

경험 단계	관찰 내용	해석
가시적 경험 (시각적)	- 고개를 빼고 손가락으로 가리 키며 동행인과 대화를 나눔. 표정의 변화는 미비. - 제품 구입 후 질문.	- 행동을 보고 상인이 접근하면 대화 를 시작하거나 지나침. (구매 의향에 따라) - 손님이 많은 가게는 더 많은 관심 표현.
직접적 비겨 경험	- 손가락으로 누르거나 터치하 는 경우 있음. - 말린 제품의 경우 맡고 후 시식. - 질문을 통한 가격 문의. 원선사는 대화를 통해 확인 하지 않음. 상인이 먼저 언급 하거나 적혀있음.	- 신선도, 건조 정도 등 상품의 상태를 확인함. - 시식을 통해 상품을 평가 (구매에 영향) - "이거 얼마예요 (상품명) 얼마에요, 이거 어떻게 먹어요 (조리방법의) / 이거 어떻게 팔아요 (판매 단위 문의)

영화관 청소 현장 관찰 사례입니다.

경험단계	관찰 내용	해석
빨대유 주시 (티슈) (메아리)	1/3 정도 비었을 때 채움 + 티슈 동시에 교체 + 무표정	업무중
바닥청소	· 메가봇 + 트뿔 스킨켓 지원이 함 → 맨 손으로 큰 쓰레기 치움 빗자루로 쓴다. · 예민해 보이는 표정, 지친표정 · 행동: 빠른 속임, 주변 두리번	
쓰레기통 & 선반 청소	· 음료만 분리 · 모든 쓰레기 일괄 배출 · 맨 손으로 정리	

07

SIPOC

상위 프로세스 맵(SIPOC)은 공감하기(Empathize) 단계에서 사용하며, 서비스의 전체적인 흐름을 파악하여 고객의 니즈를 분석하거나 문제점을 찾는데 사용하는 도구입니다.

공급자(Supplier), 투입(Input), 프로세스(Process), 산출물(Output), 고객(Customer)의 영문 머리글자를 따서 명명되었으며, 프로세스 맵의 일종으로 자료조사 및 현장 관찰을 토대로 해당 프로세스를 이해하고 분석하는데 사용하기도 하고, 프로젝트에 대한 범위도 설정할 수 있습니다.

서비스의 프로세스가 어떻게 수행되는가를 보여주는 맵으로서 서비스의 개선에서 매우 중요하며, 핵심적인 프로세스 분석 수단이라고 말 할 수 있습니다.

프로젝트의 정의 단계에서는 전체 프로세스 관점에서 맵을 작성하여 서비스를 이해하는데 활용하고, 분석단계에서는 세부적인 맵을 작성하여 고객이 원하는 숨겨진 니즈나 잠재원인을 발굴하는데 활용합니다.

SIPOC의 작성으로 전체적인 서비스가 한눈에 알아볼 수 있도록 시각화 되고, 프로젝트의 추진 범위가 결정되면, 어느 부문에서 활동을 해야 할 지 도움을 받게 됩니다.

복잡했던 프로세스를 한눈에 파악할 수 있도록 구조화 시키기 때문에, 공감 단계 및 문제정의 단계에서 일반적으로 활용되고 있습니다.

[사용방법]

프로젝트를 수행하고자 하는 서비스에 대해 아래의 SIPOC 구성요소를 작성합니다.

① [S] Supplier(공급자): 경영자, 프로젝트 관리자, 전문가, 판매자, 제조 및 생산사 등의 서비스에 제공되는 공급자

상위 프로세스 맵(SIPOC)

Supplier	Input	Process	Output	Customer
	정보		제품	
	기술		서비스	
	재료		납기	
	기계		가격	
	사람		…	

② [I] Input(투입): 프로세스에 필요한 정보, 기술, 재료 등의 투입되는 자원

③ [P] Process(과정): 한 종류 혹은 그 이상의 투입요소(Input)를 받아서 고객 (Customer)에게 가치(Value)있는 성과(Output)를 창출하는 활동

④ [O] Output(산출): 생산된 제품, 가격, 납기, 제작된 시스템, 결과물 및 관련 보고서 등의 프로세스를 통해 고객에게 제공되는 상품 또는 서비스

⑤ [C] Customer(고객): 거래처, 경영진, output(산출물)을 구매할 사람 등 서비스를 사용하는 고객

[사례]

대형 마트의 SIPOC 사례입니다.

다양한 형태의 SIPOC 사례입니다.

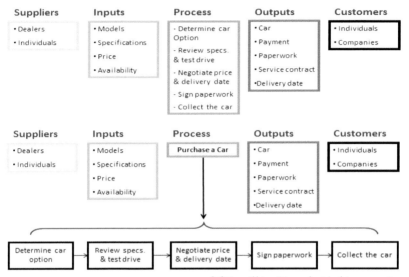

출처: https://citoolkit.com/articles/sipoc-mapping

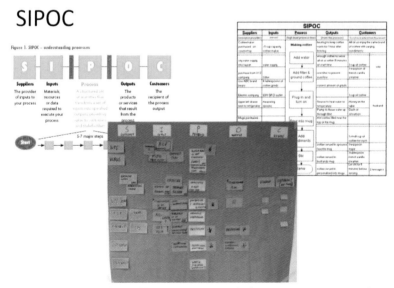

출처: https://www.mudamasters.com/en/lean-production-lean-toolbox/sipoc

08

STAKEHOLDER MAP

이해관계자 맵(Stakeholder Map)은 공감하기(Empathize) 단계에서 사용하며, 서비스를 사용하는 핵심 고객과 이해관계자들의 관계를 파악하고, 그들이 갖고 있는 숨겨진 욕구와 연결 관계에서 나타나는 동기를 찾아 조사하기 위한 도구입니다.

직원, 소비자, 파트너 기업 등 다양한 이해관계자를 맵에 나타내는 방식으로 다양한 그룹의 상호작용을 분석할 수 있는 대상으로 만들 수 있습니다.

인터뷰 등을 통해 파악되지 못했던 이해관계자들도 파악해 낼 수 있습니다.

맵을 작성할 때 각각의 이해관계자들의 관심사와 동기를 나타내는 것도 중요합니다.

마지막 단계에서는 각 요소가 다른 요소와 어떻게 관련 있는지, 그들이 서로 어떻게 소통하는지를 파악해야 합니다. 이런 활동을 통해 쉽게 접근할 수 있는 개요를 만들어 문제점이나 취약점을 발견해 내고 잠재적 기회가 있는 부분을 발견할 수 있습니다.

비슷한 맥락으로 각 요소들은 그들의 중요성과 영향력에 따라서 분류될 수 있고 과거에 중요하게 여겨지지 않았던 요소들도 그들의 영향력이 다른 요소에게 미치는 것이 드러났을 때 에 다시 한 번 중요성이 재평가 될 수도 있습니다.

[사용방법]

다음 내용들을 이해관계자 맵에 작성합니다.

① 핵심 대상: 대상 서비스의 핵심 고객을 작성합니다.

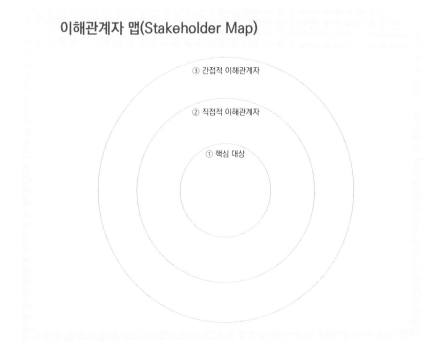

이해관계자 맵(Stakeholder Map)

③ 간접적 이해관계자

② 직접적 이해관계자

① 핵심 대상

② 직접적 이해관계자: 핵심 대상에게 영향을 주는 고객 및 공급자 등의 직접적인 이해 관계자를 작성합니다.

③ 간접적 이해관계자: 핵심 대상에게 조금 멀지만 영향을 주는 간접적인 이해관계자를 작성합니다.

④ 관계 구성: 핵심 대상과 이해관계자들이 어떤 관계에 있는지, 어떤 영향을 주는지 선으로 연결하고 키워드로 작성합니다.

[사례]

지역 골목상권에 관련된 사례입니다.

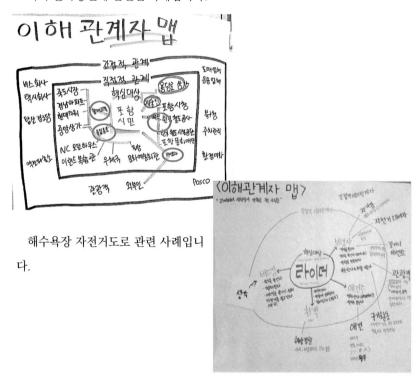

해수욕장 자전거도로 관련 사례입니다.

공원의 반려견 관련 사례입니다.

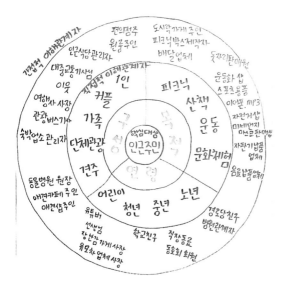

우산 빗물개선 관련 사례입니다.

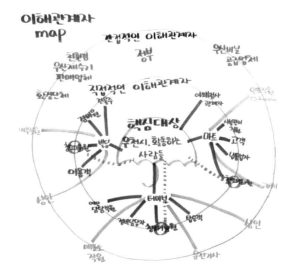

09

SHADOWING

　섀도잉(Shadowing)은 공감하기(Empathize) 단계에서 사용하며, 고객이 어떻게 서비스를 사용하는지에 대한 수요자들의 서비스 경험을 관찰하는 것입니다. 그래서 '경험관찰'이라고도 합니다.

　관찰하기(Observation)를 통해 어느 정도 고객의 경험을 파악하고 이해관계자 맵을 통해 그들이 서로 간에 갖고 있는 관계 및 연관성 등을 파악했다면, 이제 범위를 좁혀서, 특정 이해관계자에 대해 좀 더 깊은 니즈를 관찰하기 위해 섀도잉을 사용하게 됩니다.

　고객이 제품을 사용하거나 서비스를 경험할 때 그들의 미세한 감정이나 겉으로 드러내지 않는 생각, 또는 무의식 중에 나타나는 행동 패턴이나 언어 등을 상세히 관찰할 때 사용하는 도구입니다.

　섀도잉을 수행할 때 중요한 점은 상황에 따라 반응하는 수요자들의 미세한 감정과 행동을 놓치지 않고 포착하여 성찰 포인트를 찾는 것입니다.

특히, 말과 행동이 다르게 나타나는 것에 주의를 기울이고 겉으로 드러나지 않는, 내재되어 있는 욕구가 무엇인지 발견하는 것에 중점을 두어야 합니다.

[사용방법]

① 경험단계 : 고객이 서비스를 경험(사용, 체험)하는 단계를 작성합니다.

② 관찰 내용 : 관찰되는 고객의 경험, 특이한 행동, 반복적인 행동 등을 작성합니다.

③ 해석 : 섀도잉 내용을 토대로 특이점이나 패턴 등을 분석하고, 어떤 의미나 영향이 있는지 해석합니다.

섀도잉(Shadowing)

경험단계	관찰 내용	해석

주의해야 할 점은, 새도잉을 할 때 프로젝트 수행자들은 관찰 대상자들 모르게 행동해야 합니다. 자신들이 관찰 대상이라는 것을 알아차리게 되는 것만으로도 평상시와 다른 행동을 하게 될 가능성이 많으므로 왜곡된 내용의 관찰이 될 수 있습니다.

고객들의 경험을 관찰할 때 메모를 주로 활용하며 사진이나 동영상 촬영의 다양한 방법을 동원하되 반드시 그들의 동의를 얻고 난 후 시행하여야 합니다.

새도잉은 그림자처럼 따라다니며 관찰한다는 의미이지만 오해를 살 수 있으므로 사전 동의를 얻거나, 구간별로 나누어서 다른 대상을 관찰하는 방법으로 택하는 것이 현실적입니다.

[사례]

지역 수산시장 관련 사례입니다.

택배 테이프 관련 사례입니다.

'섀도잉 결과서'

· 장소 : 우체국   · 일자 : 19.06.19
· 섀도잉 대상자 : 우체국 이용고객

경험단계	관찰내용	해석
택배상자 포장	- 우체국 ①호 상자의 경우 윗·밑면 1번씩 테이핑 → 포장하는 데 1분 미만 - 우체국 ⑤호 상자의 경우 윗·밑면 ☐의 형태 → 포장하는 데 3~6분 테이핑 횟수 가로 2~3회 세로 3~4회 - 2개의 우체국을 방문 ① 연세대 우체국 → 커터기O ② 홍대 우체국 → 커터기 X - ①의 경우 택배포장 속도빠름 - 20대 중국인커플 ⑤호상자 세로 2번, 양사이드(오서리) 2번씩 윗·밑면 2번씩 - 옷 3개 넣음 남: "더져, 더져" (반복적으로)	- 크기가 작으면 무게도 적고, 포장이 안뜯어 질거라는 심리적인 마음 ⑤호(서...) - 3번...) 6분... 필름이... →5호박스... →홍대... 우체국... 소비자... →연세... 하나에서...

'섀도잉 결과서(2)'

· 장소 : 홈플러스   · 일자 : 19.06.19
· 섀도잉 대상자 : 대형마트 이용자

경험단계	관찰내용	해석
택배상자 개봉	- 상자 최급주의 표시가 상자 용도별로 다르다 (과자, 라면, 석류등) ※ 최급주의, 적재방향주의 많이며로, 청고컬강하기어려움 → 테이프없이 포장된 상자가 O - 박스마다 위 아래의 견고함 정도가 다르다 ? 파손박스는 왜 ☐ 이런모양 일반박스는 ☐ 이런데 ? 적재가이드가 표시된 박스 ☐ ex)사푸란 박스 ? 모서리부분이 박스의 비껍 부분을 감싸고있다 (둘둘말) ? 개봉 잘하는 마트에서 왜 다른 테이프가 있을까?	→ 우체국에도 용도별로 다른 박스가 구비되어 있으면 테이핑 과정생략 할 수 있지 않을까 →테이프로 꼭 포장이 필요치않은 이런 것 같다 ? 개봉부위가 좁으므로 물집더 바킬 가능성이 적어진다 →코라박스 로션, 좋은느낌, 하기스등 ? 견고 흔들림에 찢어짐 + 박스가 ? 가까이 포장, (일리미달리고) 열박스형 틀때 떼어내준다 →니퍼에서 고정이 칼 된다면 (=빈공간이 있으면, 일자이지X) 외부포장의 벱질이 적어진다 테이핑없이도 통로 대처가능 (코릴로본트) 레이디는 고정만 해도 가능 (95개 커터...

'섀도잉 결과서(3)'

· 장소 : 우체국, 홈플러스   · 일자 : 19.06.19
· 섀도잉 대상자 : 우체국, 대형마트 이용자

경험단계	관찰내용	해석
택배상자 개봉	- ☒ 종이컵 박스 바닥(틈) 초칼식성 → 틈, 테이프X - 종종 찌그러진 생각도 있다 - 왜 박스 다 네모모양인지 - 왜 박스는 다 종이알까? ex)원형 플라스틱 - 박스에 종이분리배출 표시 - (우체국, 그림) 개연포장 박스 적게서 기준 어려박럼에 위치해 다른 첨머물들에 의해 불림 - 상가가 번성하면서 테이핑받으며 박스는이 옆면으로 개별화되어있어 - 진열용 박스는 청선이 있다 - 오뚜기 특열만 거꾸 뜯음 (손잡이도 있다)	→ 가벼운 박스는 이렇게도 함 → 박스 개봉이 더 견고하고 두렵다 → 적재원료를 높여주위해? → 껄긴 플라스틱으로 쓰면 방위에더 힘을 줄 같음 나너. 누르는 힘에 약해서 선방 → 재활용이 안되다 해빠 박스로 대체가능 → 적서식할 박스수록에 포장을 특정 부위에 놀리면 변형이 잘 되는 것 같다 (실험포인트/ 네모형태에 따른 견고할 정도 틀신새보기?) → 박스를 배기 쉽게 하려고

10

PHOTO JOURNAL

포토 저널(Photo Journal)은 공감하기(Empathize) 단계에서 사용하며, 인간이 자신의 삶을 어떻게 살아가는지에 대한 이해를 돕기 위한 간단하면서도 관찰을 잘 할 수 있는 시각적인 도구입니다. 간단한 안내와 몇 가지 지침만으로 자신이 할 수 없는 다른 사람의 삶을 볼 수 있습니다.

사진 촬영을 통해 관찰하는 방법은 사진을 찍는 사람의 삶에 대해 배울 수 있는 가장 환상적인 방법이라고도 할 수 있습니다.

이 도구를 사용하면 대면 인터뷰를 뛰어 넘어 개인의 상황, 주변 사람들, 커뮤니티 및 제품 또는 서비스 사용 방법을 통한 여정을 더 잘 이해할 수 있습니다.

어떻게 보면 섀도잉과 사진이라는 도구의 사용만 다를 뿐 매우 유사한 방법론이기도 합니다.

디자인씽킹에서는 인터뷰를 많이 활용하게 되는데, 인터뷰 자체로서는 깊숙

한 내면의 니즈 또는 자연스런 일상 생활에서 이루어지는 행동들을 알기 어려운 면이 있습니다. 포토 저널은 이러한 인터뷰의 단점을 보완 할 수 있으며 인터뷰와 병행하여 많은 정보를 탐색하는데 도움이 될 수 있습니다.

인터뷰 전에 개인의 기초적인 내용을 파악하여 더 풍부한 토론의 토대를 마련하는 데 도움을 얻길 바랍니다.

[사용방법]

이 도구는 촬영 대상이 되는 사람의 삶의 경로를 따라 가며 많은 양의 기록을 하게 되므로 약 2일에서 7일 정도의 시간이 필요합니다.

카메라는 어떤 것이든 관계 없고, 스마트폰을 활용해도 좋습니다.

① 이 도구를 사용하려면 수 일이 걸릴 수 있으므로 예정된 인터뷰를 진행하기 전에 충분한 시간을 할당해야 합니다.

② 포토 저널의 목표는 일상의 순간과 역 동성을 포착하는 것입니다. 따라서 가능한 대상자의 여러 순간들을 포착 하는데 심혈을 기울이시기 바랍니다.

③ 촬영 시 카메라를 의식하여 부자연스러우면 곤란하므로, 자연스럽게 카메라를 의식하지 않도록 노력하여야 하며, 오랜 시간 카메라에 노출되다 보면 어느 순간 자연스러워 지는 경우가 많습니다.

④ 카메라를 갖고 촬영하는 사람과 디자인씽킹 수행자는 항상 내용을 공유할 수 있어야 합니다. 만약, 금융 서비스를 디자인씽킹으로 개선하는 경우 재무 결정에 영향을 미치는 모든 사람의 사진을 찍어 달라고 요청할 수도 있습니다. 또는 재정을 관리하는 모든 장소의 사진을 찍으라고 요청할 수도 있는 것입니다.

⑤ 디자인씽킹 수행자가 직접 사진을 찍는 것도 좋은 방법입니다. 촬영 전문가에게 의뢰를 할 경우에는 인터뷰 전에 디자인씽킹 수행자에게 사진을 보내도록 합니다.

⑥ 포토 저널을 사용하면 인터뷰 내용을 실제로 미리 볼 수 있으므로 인터뷰 전에 촬영한 사진을 면밀히 관찰하고, 인터뷰 시에는 사진을 보며 질문을 이어 가기도 합니다.

⑥ 촬영 대상자에게 찍은 사진과 그 의미를 설명해 달라고 요청하십시오. 각 사진이 어떤 의미가 있는지 "왜"에 대해 조사하고 사진에 대한 느낌도 조사하고, 무엇을 결심하기로 결정했는지, 왜 그런지 물어 보는 것을 잊지 마십시오.

포토 저널의 방법으로 사진을 촬영해 가며 고객을 관찰하고, 그 내용을 비주얼 저널(Visual Journal)이란 방법으로 정리를 하는 것도 좋은 방법입니다. 이 또한 시각적인 요소를 사용하는 것으로 Visual Thinking에서 많이 사용하는 도구입니다.

[사례]

비주얼 저널 사례입니다.

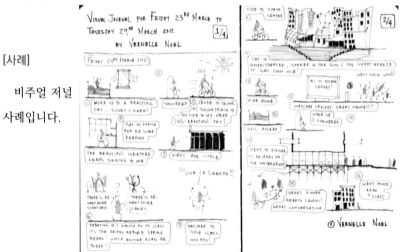

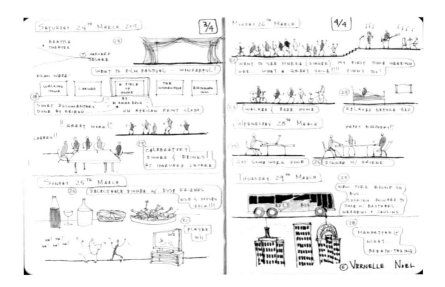

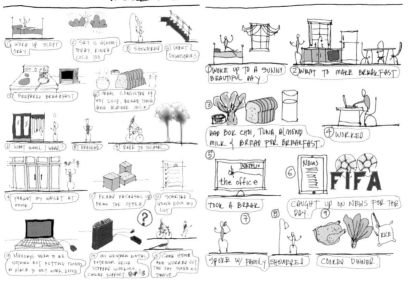

출처: https://thinkinginsomniac.wordpress.com/tag/visual-journal/

11

EMPATHY MAP

공감 지도(Empathy Map)는 공감하기(Empathize) 단계에서 사용하며, 고객이 서비스를 경험할 때 발생하는 행동 및 태도에 대한 내용을 더 잘 이해할 수 있도록 도와주는 도구입니다.

관찰 단계에서 얻은 내용을 공감하고 고객에게 내재되어 있는 니즈를 이끌어 내는데 도움이 됩니다.

공감 지도는 고객의 입장에서 이해할 수 있는 4가지 주요영역을 제공하여 고객의 경험을 파악 할 수 있습니다. 고객 관찰 및 리서치에서 발생하는 정보들을 통해 작성이 되며, 다음에 다루는 페르소나의 기본 소재로 사용하기에 매우 유용합니다.

현장에서 조사할 때는 메모, 그림, 녹음, 촬영 등으로 기록을 한 다음 조사 내용을 정리해 가며 공감 지도의 사분면에 작성합니다.

고객의 니즈를 작성할 때는 명사가 아닌 동사로 작성하면 그들의 바램을 잘 알 수가 있습니다. 인용문 형태로 작성하면 좀 더 실감나게 작성할 수 있습니다.

특히, 고객이 말하는 것과 행동하는 것이 다른 순간을 포착합니다. 이런 고객의 모순된 행동에서 숨겨진 니즈를 발견할 수 있습니다.

[사용방법]

고객이 서비스를 사용하면서 어떤 경험을 하게 되는지 아래의 질문들을 생각해보며 꼼꼼히 관찰 합니다.

관찰한 내용을 토대로 통찰력을 갖고 통합하며 작성을 하여야 합니다.

통찰력은 우리가 직면한 프로젝트를 해결하는 실마리를 제공할 것입니다.

두 고객의 서로 다른 특성 사이에서 발생하는 모순에서 좋은 통찰력을 갖기도 하고 동일한 욕구나 행동에서 좋은 개선 기회를 찾기도 합니다.

다음의 질문에 답해가며 작성합니다.

① Thinking & Feeling: 고객이 생각하고 느끼는 것이 무엇인가?
  ◦ 고객이 걱정하는 것 또는 두려워 하는 것
  ◦ 고객이 만족 및 불만족 이유
  ◦ 고객의 우선 순위
  ◦ 고객의 꿈과 열망
  ◦ 고객에게 감정적인 반응을 일으키는 것

② Hear: 고객에게 들은 것이 무엇인가?
  ◦ 고객에게 영향을 주는 것 또는 영향을 주는 사람

- 고객이 관심을 갖는 것
- 고객이 정보를 얻는 곳
- 고객이 주로 사용하는 정보채널

③ See: 고객이 보고 있는 것이 무엇인가?
- 고객이 시간을 보내는 주요 장소
- 고객의 생활 환경
- 고객이 자신의 환경과 상호작용 하는 방법

④ Say & Do: 고객이 말하고 행동하는 것이 무엇인가?
- 고객이 타인에게 자신을 묘사하는 내용
- 고객은 대화할 때 주로 사용하는 단어
- 고객이 타인과 공유할 때 보류하거나 생략하는 정보
- 고객이 말하는 것과 행동하는 것 사이의 차이

⑤ Pains: 고객의 고통은 무엇인가?
- 고객이 극복해야할 장애물
- 고객에게 있는 좌절감
- 고객이 자신의 목표를 이루지 못하는 이유

⑥ Gains: 고객이 얻는 것은 무엇인가?
- 고객이 성공하기 위해 사용하는 방법
- 고객의 성공적인 모습
- 고객의 장/단기 목표

공감 지도(Empathy Map)

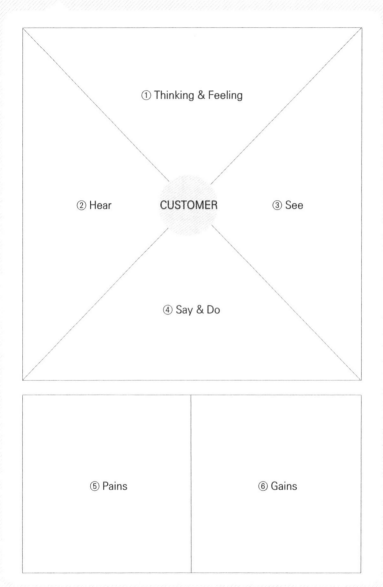

① Thinking & Feeling

② Hear　　CUSTOMER　　③ See

④ Say & Do

⑤ Pains

⑥ Gains

[사례]

다양한 형태의 사례들입니다.

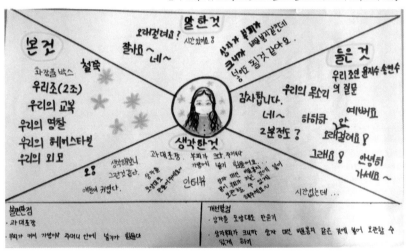

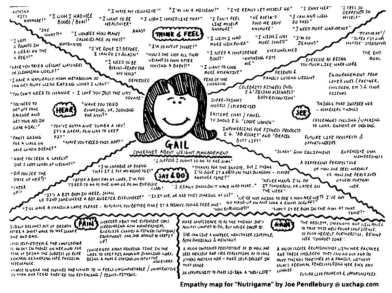

출처: https://www.clickz.com/getting-to-grips-with-mobile-design-methods-and-lingo-empathy-maps-and-storybo

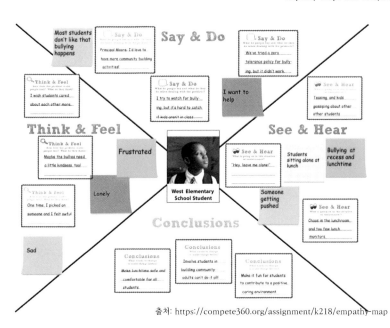

출처: https://compete360.org/assignment/k218/empathy-map

12

ASSUMPTION DUMPTION

추측 버리기(Assumption Dumption)는 공감하기(Empathize) 단계에서 사용하며, 당연히 믿고 있는 다양한 추측들을 다시 바라보며 시각을 넓히고 오픈 마인드 태도를 형성하며 고객이 미처 고려치 못한 분야를 조사하는 도구입니다.

추측 버리기를 통해 심도 있는 질문을 던질 수 있고, 기존에 가지고 있는 추측을 정반대로 뒤집어, 해당 주제 관련하여 신선한 시각, 아이디어, 가치관 및 신념에 대한 새로운 관점을 제공합니다.

공감하기 단계에서 문제 정의하기 단계로 넘어가지 전에 재점검 차원에서 활용하면 좋은 효과를 볼 수 있습니다.

문제점에 대한 다양한 시각들과 추측을 공유하고 버리는 과정을 통해 문제점의 근본원인을 심도 있게 파악할 수 있으며, 해당 문제에 대한 새로운 시각의 해법을 찾을 수도 있습니다.

성공적으로 활용하기 위해서는 본인의 추측 밑에 깔려 있는 감정들에 세심하게 귀 기울이고, 추측을 뒤집으며 파생되는, 미처 알지 못했던 문제점 파악에 집중하시기 바랍니다. 또한, 다른 참가자들이 추측하는 행위나, 버리는 행위에 대해 수용하는 자세를 갖고 그들이 갖고 있는 시각에 자세히 들어 보아야 합니다.

[사용방법]

① 일반적인 상황이나 해결하고자 하는 문제점, 니즈 등 생각들을 정리할 주제를 진행자가 제시합니다.

② 각 참가자들은 제시 된 주제에 대해 한가지 추측을 하여 문장으로 포스트잇에 기록합니다.

③ 참가자가 작성한 포스트잇을 잘 보이도록 화이트보드 등에 붙입니다.

④ 각 참가자들은 게시 된 추측을 보며 뒤집거나 '버리기' 하여 다른 추측, 신념 또는 주장을 서로에게 공유합니다.

　 * 참고: 브레인스토밍에서와 같이 추측이 공유 될 때 다른 참가자들은 판단을 하지 말고 보류해야 합니다.

⑤ '버리기' 된 추측을 큰 글씨로 작성하고 계속 보이게 합니다.

⑥ 추측을 버리거나 되돌릴 때 나타나는 아이디어와 개념을 추적하여 관리합니다. 나중에 좋은 솔루션으로 이어질 수 있습니다.

⑦ 모든 추측을 조사하기 위해 1 차 또는 2 차 조사를 포함하는 행동 계획을 제안합니다.

CHAPTER 2

분석 도구
Analysis Tools

13

CUSTOMER PROFILE

고객 프로파일(Customer Profile)은 문제 정의하기(Define) 단계에서 사용하며, 페르소나를 정의하기 전에 우리가 만드는 서비스를 경험(사용)하는 사람은 누구이고, 그들이 어떤 욕구를 갖고 있는지, 우리는 어떤 가치를 그들에게 제공해야 하는지를 알기 위해 고객들의 특성을 파악하는 도구입니다.

고객들을 구체적으로 이해하기 위해서 직업, 연력, 성별, 주변 환경 등의 특성을 더 할 수 있습니다. 다루고자 하는 서비스를 깊이 성찰하고 고객 중심으로 서비스를 구현하고자 할 때 서비스의 현장에서 고객들을 탐색하며 기록하고, 분류하여 최대한 많은 량의 고객 프로파일을 작성합니다.

이렇게 작성되는 고객 프로파일은 다음에 다루는 페르소나의 주요 소재가 되어 고객의 특성 및 경험을 좀 더 상세히 다루게 됩니다.

고객을 세밀히 관찰하고 어떤 유형의 서비스 경험을 갖는 고객이 있는지 분류하는 것이 중요합니다.

[사용방법]

고객의 입장에서 고객이 해당 서비스를 경험할 때 어떤 것들을 보고 느끼는가를 인터뷰나 관찰을 통해 각 항목들을 작성합니다.

① 고객 프로파일명: 특정한 유형을 가진 가상의 고객 이름

>> 고객이 제품을 사용하거나 서비스를 경험할 때:

② Eyes: 보는 것 ③ Brain: 생각 하는 것

④ Ears: 듣는 것 ⑤ Mouth: 말하는 것

⑥ Heart: 느끼는 것 ⑦ Hands: 만지는 것

⑧ Feet: 가는 곳, 발로 걷는 것

고객 프로파일(Customer Profile)

① 고객 프로파일명:

14

PERSONA

페르소나(Persona)는 문제 정의하기(Define) 단계에서 사용하며, 고객이 서비스를 경험하는 특성별로 구분하여 실제 고객이 아닌 가상의 고객을 만들어 내는 도구입니다.

허구의 인물을 만드는 게 아니라 실제로 관찰한 타깃 그룹 내 여러 고객의 특성과 성향, 행동과 그에 대한 동기 등을 반영하는 인물을 만들어 고객이 특정한 상황에서 어떻게 행동하고 사고하며 어떤 목적 하에 왜 그런 행동을 하는지를 유추 할 수 있습니다.

페르소나를 작성할 때 형식은 중요하지 않으나, 페르소나 특성이나 경험 시나리오는 반드시 작성하여야 하며, 가능하면 세부적으로 페르소나를 나누어 고객을 상세하게 파악하는 것이 중요합니다.

페르소나는 시대의 흐름이나 환경에 따라 변할 수 있으므로 상황에 따라 필요

페르소나(Persona)

① 페르소나 요소

∘ 이미지

∘ 이름:

∘ 성별:

∘ 나이:

∘ 직업:

∘ 가족:

∘ 성격:

② 페르소나 특성

∘ 관심사

　－

　－

∘ Needs

　－

　－

∘ 특징

　－

　－

③ 경험 시나리오

시, 추가로 작성을 해야 합니다.

　작은 매장 같은 곳에서도 페르소나를 잘 정의하여 고객 대응을 하면 좋은 효과를 볼 수 있습니다.

[사용방법]

① 페르소나 요소: 이름, 나이, 이미지 등 페르소나를 잘 이해할 수 있도록 작성

② 페르소나 특성

　◦ 관심사: 고객의 평상시 관심사

　◦ Needs: 페르소나가 원하는 욕구

　◦ 특징: 페르소나의 특별한 행위 및 관찰 사항

③ 경험 시나리오: 해당 서비스 경험하는 시나리오(그림)

[사례]

앞에서 소개한 페르소나(Persona)와 거의 유사한, 페르소나 캔버스 (Persona canvas)는 필요에 따라 선택적으로 사용하면 좋습니다.

페르소나 캔버스는 고객과 고객의 특성에 대해 보다 명확하고 구체적으로 이야기하고 특성 패턴을 쉽게 참조 할 수 있도록 하는 도구입니다.

고객의 멘탈 모델을 만들고 공유 할 수 있으며 여러 고객 유형에 대한 공통 언어를 가질 수 있습니다.

[사용방법]

① Name ...: 페르소나의 이름, 역할 등

② 외곽선: 헤어 스타일, 모자 등을 활용해서 남/여, 감정 등을 표현

③ Need: 페르소나에 대한 욕구(그들이 정말로 원하는 것)

④ Positive trends: 페르소나가 삶에서 경험하는 긍정적인 경향

⑤ Opportunities: 페르소나가 경험하는 긍정적 인 기회

⑥ Hopes: 페르소나가 갖고 있는 미래에 대한 희망

⑦ Negative trends: 페르소나가 경험하는 부정적인 경향

⑧ Headaches: 페르소나가 경험하는 부정적인 스트레스

⑨ Fears: 페르소나가 갖고 있는 미래에 대한 두려움

페르소나 캔버스(Persona canvas)

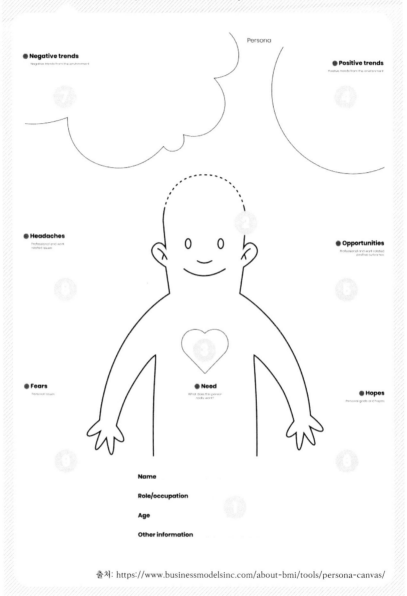

Persona

Negative trends
Negative trends from the environment

Positive trends
Positive trends from the environment

Headaches
Professional and work related issues

Opportunities
Professional and work related positive outcomes

Fears
Personal issues

Need
What does this person really want?

Hopes
Personal goals and hopes

Name

Role/occupation

Age

Other information

출처: https://www.businessmodelsinc.com/about-bmi/tools/persona-canvas/

[사례]

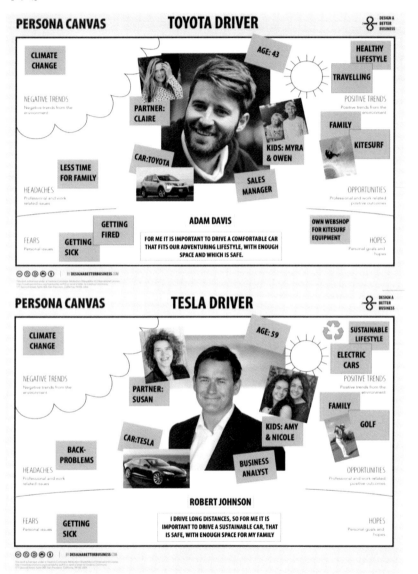

출처: https://designabetterbusiness.com/2017/09/21/step-into-the-shoes-of-your-customers-
with-the-persona-canvas

15

JOHARI WINDOW

조하리의 창(Johari Window)은 문제 정의하기(Define) 단계에서 사용하며, 페르소나 이후 고객을 좀 더 이해하고 싶을 때 사용하면 좋은 도구입니다.

Joseph Luft와 Harrington Ingham이 개발 한 것으로서 우리가 어떻게 정보를 주고받는지를 이해 하여, 사람들이 자신과 다른 사람들을 이해하는데 도움이 받는 도구입니다.

개인과 팀 사이 자아인식을 설명하고 개선하는데 도움을 얻기도 하고 비즈니스 맥락에서 집단의 역학관계(Group Dynamics)를 변화시키는데 사용될 수 있으며, 인간 중심 사상을 갖고 있는 Design Thinking의 맥락에서 고객을 이해하는데 매우 흥미롭게 사용 될 수 있습니다.

이 과정은 참가자의 설명으로 사용되는 57개의 형용사를 선택하여 수행됩니다. 형용사는 그 자체로 좋고 나쁜 특성을 나타내지 않으며 참가자 자신과 다른 사람들이 인식하는 방식의 지표입니다.

[조하리의 창 57개 형용사]

able:재능 있는 / ambivert:양향 성격자(내향적인 성격과 외향적인 성격을 모두 갖고 있는 사람) / accepting:솔직한 / adaptable:융통성 있는 / bold:용기 있는 / calm:차분한 / caring:친절한 / cheerful:유쾌한 / clever:영리한 / congenial:마음에 맞는, 취미가 같은 / complex:까다로운 / confident:자신감 있는 / dependable:믿음직한 / dignified:품위 있는 / energetic:활동적인 / extrovert:사교적인 / friendly:우정 어린 / giving:포용적인 / happy:행복한 / helpful:도움이 되는 / idealistic:이상적인 / independent:독립적인 / ingenious:독창적인 / intelligent:재치 있는 / introvert:내성적인 / kind:친절한 / knowledgeable:박식한 / logical:논리적인 / loving:상냥한 / mature:성숙한 / modest:겸손한 / nervous:소심한, 예민한 / observant:조심성 있는 / optimistic:낙천적인 / organized:체계적인 / patient:참을성 있는 / powerful:강력한, 강한 인상 / proud:자신에 찬, 자신감 있는 / aggressive:적극적인, 공격적인 / reflective:생각이 깊은 / relaxed:관대한 / religious:독실한, 종교적인 / responsive:민감한 / searching:철저하고 엄중한 / self-assertive:자기 주장이 강한 / self-conscious:자의식이 강한 / sensible:실용적인 / sentimental:감정적인 / shy:수줍어하는 / silly:어리석은 / smart:단정하고 멋진 / spontaneous:자발적인 / sympathetic:동정심 있는 / tense:긴장한 / trustworthy:믿을 수 있는 / warm:따뜻한 / wise:지혜가 있는

[조하리의 4개 영역]

① 공개적 영역(Arena): 자신에 관하여 알고 있는 것과 타인이 알고 있는 영역. ex) 자신의 이름, 머리 색깔, 자동차 색깔 등

② 맹목의 영역(Blond Spot): 자신에 관하여 자신은 모르지만 타인은 알고 있는 영역.   ex)자신의 매너, 자신에 관하여 다른 사람이 느끼는 감점

③ 숨겨진 영역(Facade): 자신에 관하여 자신은 알고 있지만 타인은 모르고 있는 영역.   ex)자신의 비밀, 희망, 욕망, 좋아하는 것과 싫어하는 것

④ 미지의 영역(The Unknown): 자신에 관하여 자신도 모르고 타인도 모르는 영역. 이 영역의 정보는 나머지에 영향을 미칠 잠재성이 있습니다.

[결과에 따른 4가지 유형]

① 개방형: 공개적 영역이 가장 넓은 사람입니다. 대체로 인간관계가 원만한 사람들입니다.

② 자기주장형: 맹목의 영역이 가장 넓은 사람입니다. 자신의 기분이나 의견을 잘 표현하며 나름대로의 자신감을 가진 솔직하고 시원시원한 사람입니다.

③ 신중형: 숨겨진 영역이 가장 넓은 사람입니다. 다른 사람에 대해서 수용적이며 속이 깊고 신중한 사람입니다.

④ 고립형: 미지의 영역이 가장 넓은 사람. 인간관계에 소극적이며 혼자 있는 것을 좋아하는 사람입니다.

[사용방법]

　조하리의 창을 작성하기 위해서는 나에 대해 이야기해줄 수 있는 상대방과 형용사 57가지, 종이와 펜이 준비되어야 합니다.

① 57개의 형용사 가운데 자기 자신을 가장 잘 설명한다고 생각되는 형용사 6개를 선정합니다.

② 나에 대해 이야기해줄 수 있는 상대방에게도 나를 가장 잘 설명하는 형용사

6가지를 선택해달라고 요청합니다.

③ 내가 선택한 5개의 형용사와 타인이 선택한 6개의 형용사를 조하리의 창 4개의 영역에 맞추어 분류 합니다.

④ 서로 겹치는 형용사는 '열린 창'에, 나 자신만 고른 형용사는 '숨겨진 창'에, 타인만 고른 형용사는 '보이지 않는 창'에 넣습니다.

⑤ '미지의 창'은 누구도 선택하지 않은 영역이므로 자신이 개발시키고 싶은 형용사를 선택하여 적어 넣습니다.

⑥ 분류가 끝나면 이제 '숨겨진 창'에 적힌 형용사들을 다른 사람들에게 공개하고, 관련된 에피소드들을 이야기하는 시간을 가집니다.

조하리의 창(Johari Window)

	자신	
	인식 가능	인식 불가
타인 관찰 가능	① 열린창(Open Area) **Areana**	② 숨겨진 창(Blind Area) **Blind Spot**
관찰 불가	③ 보이지 않는 창(Hidden Area) **Façade**	④ 미지의 창(Unknown Area) **The Unknown**

16

CUSTOMER JOURNEY MAP

고객 여정 맵(Customer Journey Map)은 문제 정의하기(Define) 단계에서 사용하며, 서비스를 경험하는 고객이 서비스를 접하기 시작하는 시점에서부터 끝나는 시점까지의 과정을 생생하고 체계적으로 알 수 있도록, 눈에 잘 보이지 않는 고객의 경험 흐름을 시간, 순서 등에 따라 시각화 하여 정밀하게 분석하는 도구입니다.

일반적으로 고객(수요자)의 여정은 앞에서 작성된 페르소나를 기본 소재로 하여, 고객이 서비스와 상호작용할 때의 사고(Thinking)를 바탕으로 구성되며, 이와 더불어 고객이 느끼는 감정 상태를 파악하여 그들의 내재된 욕구를 파악할 수 있습니다.

이를 통해 고객 관점에서 고객의 경험에 영향을 끼치는 요인에 대해 깊이 있게 이해할 수 있습니다.

이러한 분석 단계를 바탕으로 서비스 환경에 대한 효과적인 대응이 가능하며, 혁신적인 서비스 컨셉을 개발하고 최적의 경험을 제공할 수 있습니다.

일반적으로 페르소나 하나에 여정 맵 하나를 작성하지만 필요(페르소나간 비교 등)에 따라 여정 맵 하나에 여러 페르소나를 작성할 수 있습니다.

[사용방법]

① 페르소나명: 프로젝트에서 지정한 페르소나 이름

② Doing: 고객이 서비스를 경험(사용)하는 시간의 흐름에 따라 경험 단위별로 작성(문으로 들어옴 → 빵을 선택 → 쟁반에 담음 → 계산 → 문으로 나감)

③ Feeling: 고객이 해당 경험을 할 때 느껴지는 감정의 상태를 그래프의 형태와 텍스트로 작성

  ◦ 세로축을 기준으로 단위를 정해도 됨

고객 여정 맵(Customer Journey Map)

① 페르소나명:

② Doing	
③ Feeling	
④ Thinking	

(100/0/-100, 상/중/하, 좋음/보통/나쁨 등)

◦ 그래프상에 점수를 표시하거나 그 때의 감정을 텍스트로 기록해도 됨

④ Thinking: 고객이 해당 경험을 할 때 생각하게 되는 내용을 작성(맛있는 빵들이 많구나, 구수한 냄새가 너무, 생각보다 비싼데 등)

[사례]

영화관 관련 사례입니다.

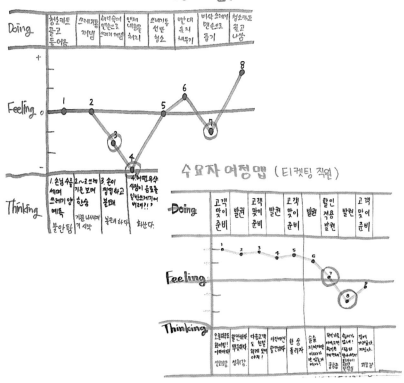

아파트 재활용 시설
관련 사례입니다.

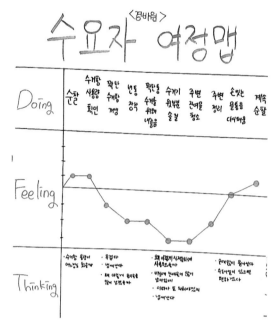

반려견 관련 사례입니다.

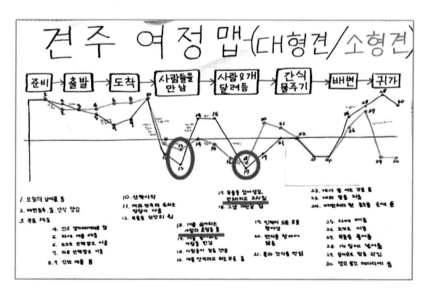

17

WHY-HOW LADDERING

Why-How 사다리(Why-How Laddering)는 문제 정의하기(Define) 단계에서 사용하며, '왜' 라는 질문을 하면서 추상적인 대답을 얻고, '어떻게' 라는 질문을 하면서 구체적인 대답을 얻는 도구입니다.

'왜' 라는 질문을 통해서는 응답자의 구체적으로 생각하는 좋고 나쁨 보다는 의미 있는 감정이나 숨겨진 니즈를 파악할 수 있습니다. '어떻게' 라는 질문을 통해서는 구체적으로 어떻게 행동하는지를 파악할 수 있습니다.

따라서 '왜' 와 '어떻게' 의 질문을 계속적으로 반복함으로써 숨겨져 있는 니즈와 그러한 니즈를 충족하기 위하여 어떻게 행동하는가를 이해할 수 있게 됩니다.

[사용방법]

① 보드 상단에 의미 있다고 생각하는 고객 니즈를 적습니다.

② '왜, 고객이 그러한 니즈를 갖게 되었는지'를 질문하고, 그 답을 아래에 적습니다. 이 때 관찰한 결과나 고객을 조사한 결과, 그리고 자신의 직관을 종합하여 자신이 생각한 결과를 그대로 적습니다.

③ 보다 추상적인 답을 얻거나 또 다른 니즈를 발견하기 위하여 다시 한번 더 '왜 그렇게 하는가'를 질문하고, 그 답을 적습니다.

Why-How 사다리 만들기(Why-How Laddering)

출처: https://autodesk.com/industry/manufacturing/resources/mechanical-engineer/abstraction-laddering

④ 더 이상 추상화할 수 없는 수준에 이르렀다고 판단되면, 그것을 니즈의 정점으로 삼습니다.

⑤ 니즈의 정점에서 '어떻게'하는 질문을 하면서 보다 구체적인 니즈를 찾아서 내려옵니다. '어떻게' 라는 질문을 반복하면서 더 이상 구체화할 수 없는 수준에 이르기 까지 내려와 보면서 그 답을 포스트 잇에 적어서 보드에 붙입니다.

[사례]

외모 관련
사례입니다.

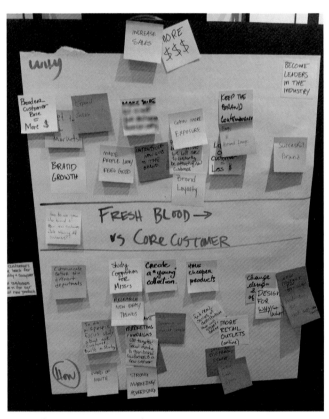

출처: https://medium.com/the-conversation-factory/using-abstraction-laddering-how-to-build-the-right-question-and-stick-to-it-c0efb012248e

디자인 관련 사례입니다.

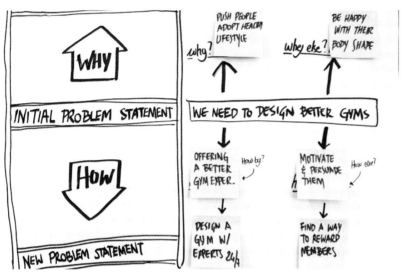

출처: https://ixsd.academy/design-thinking/

트위터의 한 사례입니다.

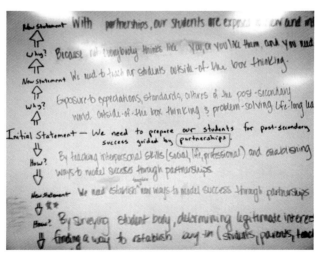

출처: https://twitter.com/JustinAglio/status/418905330530000897/photo/1

18

LOGIC TREE

로직 트리(Logic Tree)는 문제 정의하기(Define) 단계에서 사용하며, 문제를 해결할 때 근본적인 원인을 찾기 위한 도구입니다. 우리에게 발생하는 대부분의 문제는 간단하게 해결되는 것이 많지 않습니다. 그래서 근본적인 원인을 찾아 그것을 해결하면 진정한 문제 해결을 할 수 있다는 논리입니다. 그러기 위해 나무 모양처럼 문제의 원인을 논리적으로 분해하고 나열해서 해결하고자 하는 원인을 찾아가는 방식입니다.

로직트리는 사고의 논리적 연결을 하기 위해 MECE(Mutually Exclusive and Collectively Exhaustive)의 개념을 사용하여 전개합니다. MECE는 서로 배타적인데, 서로 다른 요소가 모두 합쳐지게 되면 총합의 집합을 이루게 됩니다. 조금 쉽게 표현하면 어떤 사항에 대해 서로 중복되지 않고, 누락되지 않게 하는 것입니다. 이렇게 하여 부분들이 모여 전체를 파악하는 것입니다.

'현장에서 관찰된 문제는 왜 발생했을까?', '사용자는 왜 그런 행동을 했을까?',

'이 문제를 해결하기 위해 무엇을, 어떻게 하면 될까?' 등의 질문을 통해 로직트리를 활용한다면 논리적이고 연관된 좋은 아이디어를 얻을 수 있을 것입니다.

[사용방법]

로직 트리(Logic Tree)는 WHY 트리, HOW 트리, WHAT 트리의 세가지 유형으로 사용할 수 있습니다.

① WHY 트리: 문제에서 원인을 찾을 때 사용합니다.

로직트리(Logic Tree)

유형	형태	내용
WHY 트리	문제 ─ 원인	"왜?" 이유가 뭐지?
HOW 트리	과제 ─ 해결책	"어떻게?" 방법을 어떻게 할까?
WHAT 트리	큰요소 ─ 작은요소	"뭐지?" 분해하면 뭐가 될까?

② HOW 트리: 프로젝트에서 해결책을 이끌어 낼 때 사용합니다.

③ WHAT 트리: 구성요소를 분해 할 때 사용합니다.

[사례]

전통시장 관련 사례입니다.

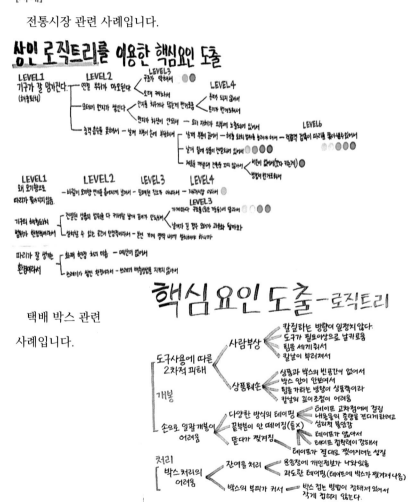

택배 박스 관련
사례입니다.

특정 부서의 문제에 대한 우선순위 결정 사례입니다.

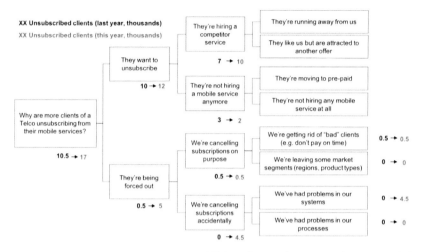

출처: https://www.craftingcases.com/issue-tree-guide/

수익성 관련 사례입니다.

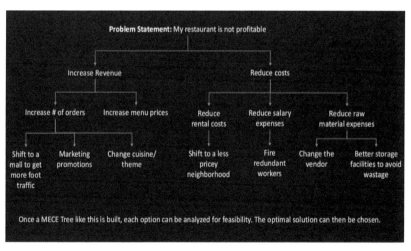

출처: https://www.mbacrystalball.com/blog/strategy/mece-framework/

19

FISH BON DIAGRAM

피쉬본 다이어그램(Fish Bone Diagram)은 문제 정의하기(Define) 단계에서 사용하며, 주제와 관련된 여러 가지 원인이나 문제점을 찾아내는 도구입니다. 요인을 세밀하게 분석해서 더 이상 분석할 수 없을 때까지 분석함으로써 모든 원인을 훑어볼 수 있습니다.

요인/효과 다이어그램(Cause & Effect diagram)이라고도 하고, 이시가와(Ishikawa) 다이어그램이라고도 합니다. 물고기 뼈를 닮아서 피쉬본이라고 불립니다.

항상 어떤 결과를 발생시키는 요소가 존재하는데, 그 요소들을 시각화 하는 것입니다. 물고기 뼈 모양을 그려가며 원인이 되는 요소를 찾아가는 것입니다.

피쉬본 다이어그램은 팀이 브레인스토밍을 할 때 사용하는 도구로서 잠재적이고 근본적인 문제를 정의하거나 원인을 찾는데 활용합니다. 특히, 하나의 이슈나 문제에 집중해야 할 때, 결과보다는 이유에 대해 팀이 집중해서 일해야 할 때, 어떤 것이 문제를 해결할 근본적인 원인인지에 대하여 다양한 이론을 시각화 할 때 주로 사용하게 됩니다.

특징으로, 불평이나 관련 없는 토론 없이 특정 이슈에 대하여 집중하게 되고, 부족한 부분의 자료를 정리할 수 있습니다.

[사용방법]

① 해결해야 할 주제(과제)를 생선의 머리 부분에 적습니다.
② 주제의 요인을 찾습니다.
③ 1차 요인은 큰 가시 끝에 적습니다.
④ 1차 요인의 세부 요인(2차 요인)은 작은 가시에 적습니다.
⑤ 더 이상 세부 요인이 나오지 않을 때 까지 깊게 진행합니다.

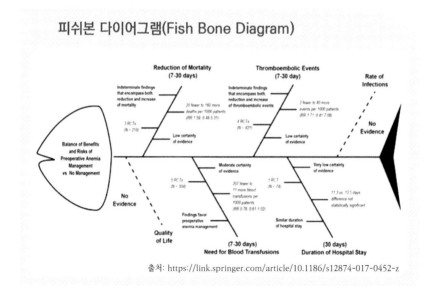

피쉬본 다이어그램(Fish Bone Diagram)

출처: https://link.springer.com/article/10.1186/s12874-017-0452-z

[사례]

철 생산 관련 사례입니다.

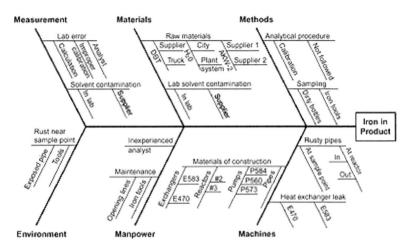

출처: https://asq.org/quality-resources/fishbone

음식점 관련 사례입니다.

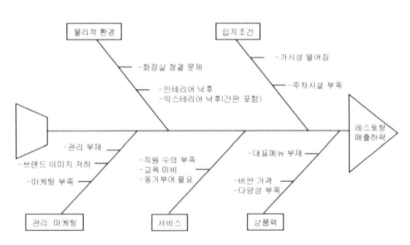

출처: http://blog.naver.com/PostView.nhn?blogId=webkim&logNo=220656475505

직장 관련 사례입니다.

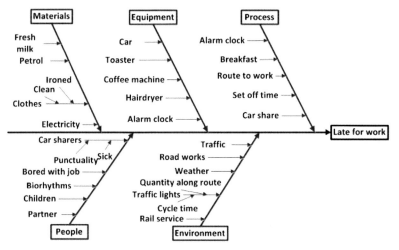

출처: https://qilothian.scot.nhs.uk/pc-resource-fishbone-diagram

품질 관련 사례입니다.

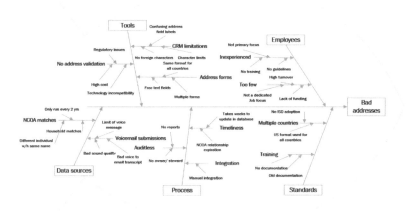

출처: https://www.lightsondata.com/how-to-fishbone-diagram-data-quality-root-causes

20

FIVE WHYS

5 Why(Five Whys)는 문제 정의하기(Define) 단계에서 사용하며, 말 그대로 why? 를 5번 묻는 도구입니다.

겉으로 드러나는 현상의 원인과 동기를 밝혀 내기 위해 고객의 경험에 대해 질문을 제기하는 것입니다. 일반적으로는 특정 문제를 더욱 깊이 파악하기 위해 사용하게 됩니다.

5 Why를 잘 활용하면 현장 관찰에서 발견한 여러 이슈들에 대한 핵심 요인이나 근본 원인을 찾아낼 수 있습니다.

문제에 대한 근본적인 원인을 찾기 위해 5번의 질문을 하며 근본적인 원인과 핵심에 대해 구체적으로 파고드는 것이 5Why 기법입니다. 5번의 Why를 통하여 겉으로 드러나지 않는 숨겨진 원인을 발견하는 것입니다.

5Why라고 해서 꼭 5번 질문을 해야 하는 것은 아닙니다. 5번 정도를 질문하

며 원인을 찾아 낸다는 의미이고, 5번 이상 들어가게 되면 주제에서 벗어날 수 있으므로 5번 내·외가 적당합니다.

그러나, 가능하다면 구체적인 행동이나 근본적인 원인을 찾아 낼 때까지 계속해서 질문을 할 수도 있습니다.

[사용방법]

① 현장에서 발견한 이슈를 상단에 기록합니다.

② 첫번째 이슈에 대해 '왜~' 라고 질문합니다(1st Why)

③ 1st Why에 대해 대답하고 그 대답에 대해 다시 질문합니다(2st Why)

5 Why(Five Whys)

	이슈 1	이슈 2	이슈 3
1st WHY?			
2st WHY?			
3st WHY?			
4st WHY?			
5st WHY?			

④ 원하는 수준의 대답이 나올 때까지 되풀이 합니다.(보통 3~5단계)

⑤ 이슈1이 끝나면 이슈 2로 이동하고 마지막 이슈까지 되풀이 합니다.

⑥ 각 마지막 Why 단계의 내용을 토대로 이유가 발생하게 된 요인 및 인사이트를 도출합니다.

Why를 How로 변경하여 아이디어 도출에 사용하기도 합니다.

[사례]

시스템 관련 사례입니다.

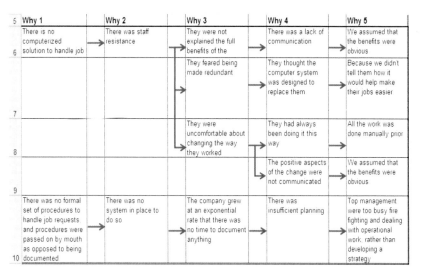

	Why 1	Why 2	Why 3	Why 4	Why 5
5	There is no computerized solution to handle job	There was staff resistance	They were not explained the full benefits of the	There was a lack of communication	We assumed that the benefits were obvious
6			They feared being made redundant	They thought the computer system was designed to replace them	Because we didn't tell them how it would help make their jobs easier
7					
8			They were uncomfortable about changing the way they worked	They had always been doing it this way	All the work was done manually prior
9				The positive aspects of the change were not communicated	We assumed that the benefits were obvious
10	There was no formal set of procedures to handle job requests and procedures were passed on by mouth as opposed to being documented	There was no system in place to do so	The company grew at an exponential rate that there was no time to document anything	There was insufficient planning	Top management were too busy fire fighting and dealing with operational work, rather than developing a strategy

출처: https://www.bulsuk.com/2009/07/5-why-analysis-using-table.html

고객관리 관련 사례입니다.

유지관리 관련 사례입니다.

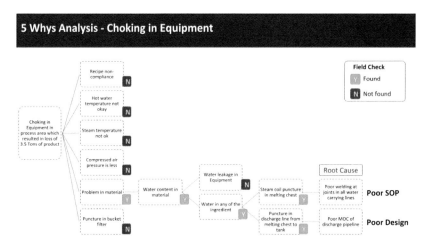

CHAPTER 3

아이디어 도구
Ideation Tools

21

BRAINSTORMING

브레인스토밍(Brainstorming)은 아이디어 발상하기(Ideate) 단계에서 사용하며, 1939년 알렉스 오스본(Alex Osborn)이 개발한 것으로서, 현재 사람들에게 가장 많이 사용되고 있는 아이디어 발상 도구입니다.

브레인스토밍의 적정 인원은 5~7명 정도가 적당하나, 2~3명의 소규모 인원도 가능합니다. 다만, 너무 많은 인원이 참여하게 되면 진행이 어렵게 되거나 주제에 관련한 방향성을 잃어버리게 될 수 있으므로 적정 인원을 편성하는 것이 좋습니다. 참여자를 구성할 때 같은 남성과 여성을 혼합하거나 연령대를 다양하게 구성 한다 듣지, 서로 다른 일을 하는 사람들을 모이면 하면 다른 시각에서 다양한 아이디어를 도출 할 수 있습니다.

이 도구는 창의적인 아이디어를 발상하기 위한 것이므로 자유롭게 자신의 의견을 제시하는 것이 중요하고 자신이 갖고 있는 지식과 풍부한 상상력을 동원하는 것이 중요합니다. 따라서, 좋은 아이디어를 발상하기 위한 몇 가지 규칙을 제시하고 있습니다.

[브레인스토밍의 4가지 규칙]

① 아이디어가 좋은 나쁜지 미리 판단하지 않는다.

② 자유분방하게 아이디어를 제시하고 다른 사람의 의견을 비판하지 않는다.

③ 좋은 아이이어 보다 많은 아이디어를 도출한다.

④ 다른 사람의 아이디어를 바탕으로 더 좋은 아이디어를 만든다.

[사용방법]

　서로 자유로운 분위기에서 마음 편하게 아이디어를 제시하는 것이 중요합니다.

① 기록지(종이/화이트보드/마인드맵 툴 등)와 필기도구를 준비합니다.

② 토의 일자, 참가자 등을 기록합니다.

③ 편안하게 마주보고 앉아서 긴장을 풉니다.

④ 주제를 모두가 잘 보이도록 기록 합니다.

⑤ 아이디어를 기록할 기록자를 선정합니다.

⑥ 진행자는 시간, 규칙 등을 알려 줍니다.

⑦ 각자 주제에 관련한 아이디어를 제시하면 기록자가 기록합니다.

참고로, PC/스마트폰 등의 협업 앱이나 마인드맵 앱을 사용하면 더욱 편리하고 많은 양의 아이디어를 얻을 수 있으며, 브레인스토밍 후에 아이디어를 정리하는 일도 줄일 수 있습니다.

[사례]

포스트잇을 활용한 사례입니다.

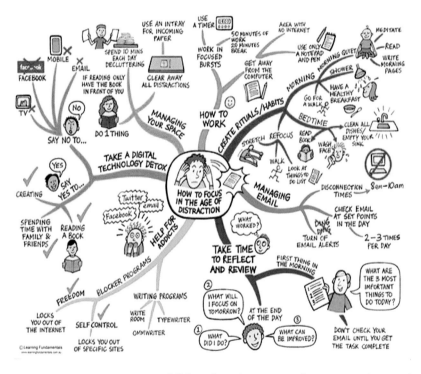

출처: https://www.designorate.com/how-to-use-mind-mapping/

마인드 맵을 활용한 사례입니다.

출처: https://cacoo.com/blog/12-tips-for-brainstorming-more-creative-solutions

스마트 디바이스 등을 활용하여 브레인스토밍을 하면 더욱 편리하기도 하며, 온라인으로 진행도 가능합니다.

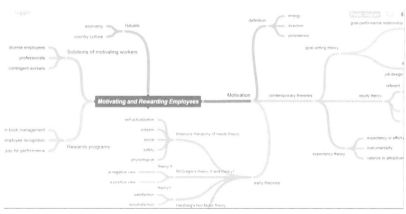

출처: https://www.lifewire.com/best-brainstorming-tools-4157812

22

BRAINWRITING

브레인라이팅(Brainwriting)은 아이디어 발상하기(Ideate) 단계에서 사용하며, 1968년에 독일의 베른트 로르바흐(Bernd Rohrbach) 교수가 브레인스토밍의 문제점을 극복하기 위하여 창안한 것으로 참여자들 중에 다른 사람들 앞에서 자신의 의견을 말로 표현하는 것을 어려워하는 사람들이 있어서 부담스러워할 때, 소극적인 사람들의 참여를 촉진하는 아이디어 발상 도구입니다.

브레인스토밍은 의견이나 아이디어를 주로 말로 표현하지만 브레인라이팅은 문자 그대로 글로 표현하는 것입니다.

브레인라이팅의 장점은 특정 개인만 의견을 제시하고 나머지는 조용이 있는 상황이 줄어들게 되어 모두의 참여를 이끌어 낼 수 있습니다. 또한, 서로 잘 모르는 사이라도 글로 쓰는 것이기 때문에 편안하게 의견 교환이 가능해집니다.

다만, 참가자들 간에 서로 토론하고 자극하는 상승효과를 기대할 수 없으므로 브레인스토밍과 병행하면 좋은 효과를 볼 수 있습니다.

[사용방법]

브레인라이팅은 일명 6.3.5법이라고도 합니다.

6명의 참가자가 각자 3개의 아이디어를 5분 내에 적는 방식이라는 의미입니다.

① 개인별로 포스트잇 한장을 준비합니다.

② 포스트잇에 주제와 관련한 의견이나 아이디어를 적습니다.

③ 3~5분이 지나면 옆 참가자에게 포스트잇을 전달합니다.

④ 옆 사람의 포스트잇을 받아 보고 적혀 있는 아이디어를 발전시켜서 추가로 3개의 아이디어를 새로운 포스트잇에 적어서 받은 포스트잇의 밑에 붙입니다.

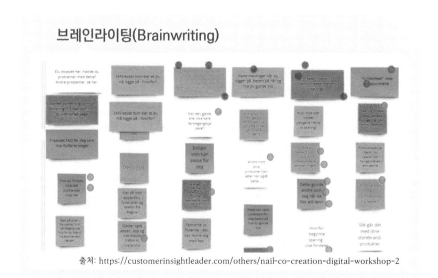

출처: https://customerinsightleader.com/others/nail-co-creation-digital-workshop-2

⑤ 자신이 처음 적은 아이디어가 돌아올 때까지 동일한 방법으로 돌리게 되면 많은 아이디어가 도출되고, 모든 참가자가 그 아이디어를 공유하게 됩니다.

⑥ 도출된 아이디어 중 평가나 채택하는 단계를 거칠 수 있습니다.

[사례]

개인별로 라운드를 거쳐가며 브레인라이팅을 하는 사례입니다.

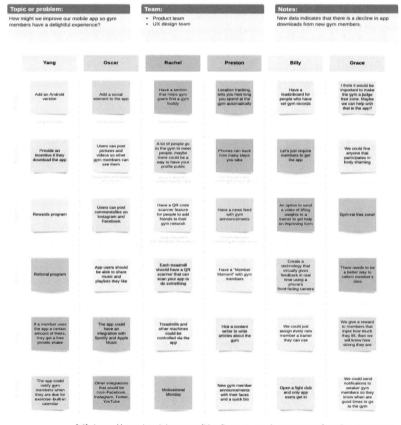

출처: https://www.lucidchart.com/blog/how-to-use-brainwriting-for-idea-generation

보통 포스트잇이나 자유로운 방식으로 진행하지만, 다음과 같은 워크시트를 활용해서 진행하기도 합니다.

Brainwriting 6-3-5 Worksheet

HMW-question	How to showcase the works of Graphic Design Student	Date: Team: Member:
1	**2**	**3**
Vormator Assembling game	Show infographic video ~~from~~ made by students	Fold the boxes into a product package tutorial
showcase in a style of advertising ~~for~~ form	A page will consist in a form of 3D structure to display information	Artwork showcase in an interesting form Exp. Slideshow video or identity
Poster will become pop out and reader can play with the pop out stuff (example will have word or can move)	package design can be rotate like 3D	show a video ~~of~~ of the students ~~designate~~ making the real package & that they design
Flash of ~~the~~ assembling the product	Beside the 3D structure, there will be profile pictures of the designer explaining the product ~~poster~~ while you look at the 3D model. Explanation will be in the form of text.	Picture of the product package as a whole. when you tap on a product, there will be a pop up information of the product.
The poster ~~can~~ move a bit to make a 3D effect	information showcase of what the student like and their influence.	information of collaboration with other 8 people
animation effect on the whole page such as rain drops	Design the section to be flowchart / infographic like to represent Graphic Design Student	Different music theme for different work

출처: http://cmd-denhaag.nl/coursematerial/uxidpart1/w3-cardsorting-creativity.html

23

CHECK-LIST METHOD

체크리스트법(Check-List Method)은 아이디어 발상하기(Ideate) 단계에서 사용하며, 브레인스토밍을 제창하여 유명해진 미국의 어느 광고회사 부사장 알렉스 F. 오스본이 '새로운 것은 모두 이미 존재하는 것에 무언가를 추가하거나 수정을 가한 것이다'라는 개념을 바탕으로 고안해 낸 체크리스트 도구입니다.

주제에 관련된 항목들을 나열하고, 9가지 체크 항목을 질문해가며 반드시 아이디어를 생각해 내야하는 '강제 연상법'입니다.

창의적인 아이디어를 도출할 때 막연하게 생각하기 보다 아이디어 발상에 도움이 되는 중요한 항목을 미리 정해 두고 순서대로 체크해 가는 방식입니다.

이 도구는 다음과 같은 결점을 가지고 있으니 주의하여 사용하여야 합니다.
① 체크리스트에 너무 의지하면 새로운 발상을 빠뜨릴 우려가 있습니다.
② 없는 것까지 체크하고 시간을 낭비할 우려가 있습니다.

③ 체크리스트에 너무 의지하면 자기자신의 생각을 하지 않을 우려가 있습니다.

[사용방법]

　다음에서 보는 바와 같이 아이디어를 얻기 위해 체크리스트 항목들(S, C, M, P, E, R)들을 적용하면 어떠 한지 하나씩 검토하고 개선해 보는 것입니다.

① 대상이 되는 제품, 서비스나 문제를 명시합니다.

② 체크리스트 상에 있는 동사를 적용하여 변화의 가능성이 보이면 그 변화의 방법을 기록합니다.

③ 더 이상 아이디어가 나오지 않을 때까지 계속하고, 끝나면 기록해 놓은 것을 검토하고 그 중 어떤 것들이 미리 정해 놓은 기준을 만족시키는지 확인 합니다.

[오스본의 9가지 체크리스트]

① 전용: 다른 용도로 쓰면 어떨까? [Put to other use]

② 응용: 응용하면 어떨까? [Adapt?]

③ 변경: 수정해보면 어떨까? [Modify?]

④ 확대: 확대한다면 어떨까? [Magnify?]

⑤ 축소: 삭제하거나 분해한다면 어떨까? [Eliminate? Analyze?]

⑥ 대용: 다른 것으로 대체한다면 어떨까? [Substitute?]

⑦ 재배열: 바꾸어 보면 어떨까? [Rearrange?]

⑧ 역전: 반대로 한다면 어떨까? [Reverse?]

⑨ 결합: 결합시키면 어떨까? [Combine?]

24

SCAMPER

스캠퍼(Scamper)는 아이디어 발상하기(Ideate) 단계에서 사용하며, 일종의 브레인스토밍 기법의 하나로 아이디어를 확장하는 체크리스트 도구입니다.

원래 Osborn은 아이디어를 향상시키는 약 75가지의 질문을 제시하고, 이들을 9개로 압축하였는데, Eberle가 7가지 질문으로 재구성한 것입니다.

7개의 키워드로 통해 체크(질문) 하면서 아이디어를 발전시키는 방법으로 아래의 키워드로 구성되어 있습니다.

① Substitute(대체하기) ② Combine(결합하기) ❸ Adapt(응용하기)

④ Modify(수정하기) ⑤ Put to other uses(다른 용도로 사용하기)

⑥ Eliminate(제거하기) ⑦ Reverse(반전하기) / Rearrange(재정렬하기)

아이디어를 초기에 발굴할 때는 브레인스토밍을 활용하여 많은 아이디어를 도출하고, 기본적인 아이디어가 도출된 상태에서 아이디어가 더 이상 나오지 않을 때 스캠퍼를 활용하면 많은 효과를 가져올 수 있습니다.

[사용방법]

기존에 있는 제품, 장치, 서비스 등의 내용이나 현재까지 도출된 아이디어에 아래의 7가지를 대입해보며 아이디어를 도출합니다.

브레인스토밍의 방법과 동일하게 자유롭게 많은 아이디어를 낼 수 있도록 하지만 약간의 강제성을 띄게 하여 강제로 7가지를 대입해 가며 아이디어를 도출할 수 있도록 합니다.

① Substitute 대체하기: 다른 것으로 대체하기(콩고기)

  ≫ 질문: A대신 B로 대체하면 어 어떨까?

② Combine 결합하기: 두 가지 이상의 것을 결합하기(스마트폰, 복합기)

  ≫ 질문: A와 B를 합치면 어떨까?(재질, 장치, 목적 등)

③ Adapt 응용하기: 다른 목적과 조건으로 응용하기(철조망, 벨크로)

  ≫ 질문: A에 사용하던 B를 C에도 사용하면 어떨까?

④ Modify 수정하기: 특성, 모양 등을 변형, 수정하기(선풍기, 해충 퇴치기)

  ≫ 질문:A안의 a를 변화시키면 어떨까?

⑤ Put to other uses 다른 용도로 사용하기: 전혀 다르게 사용하기(포스트잇)

  ≫ 질문: A에 B용도로 사용하던 것을 다른 용도에도 사용하면 어떨까?

⑥ Eliminate 제거하기: 일부를 제거하기(누드 김밥, 오픈카)

  ≫ 질문: A에 구성되어 있는 B, C, D 중 무엇인가를 빼면 어떨까?

⑦ Reverse 반전하기, Rearrange 재정렬하기: 순서, 위치, 모양 등을 바꾸거나

재정렬 하기(양면 스캐너)

　≫ 질문: AB를 BA로 바꾸면 어떨까?

[사례]

　지우개를 개선하는 사례입니다.

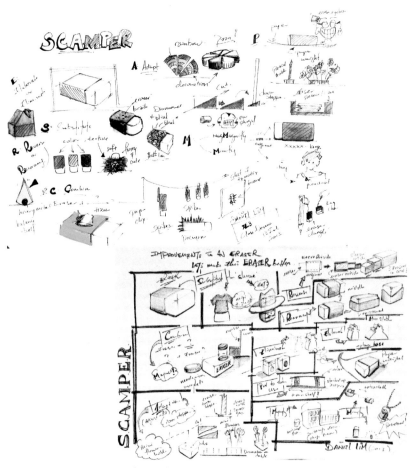

출처: http://designjournalsos.blogspot.com/2013/01/what-is-scamper.html

로직트리를 활용한 스캠퍼 사례입니다.

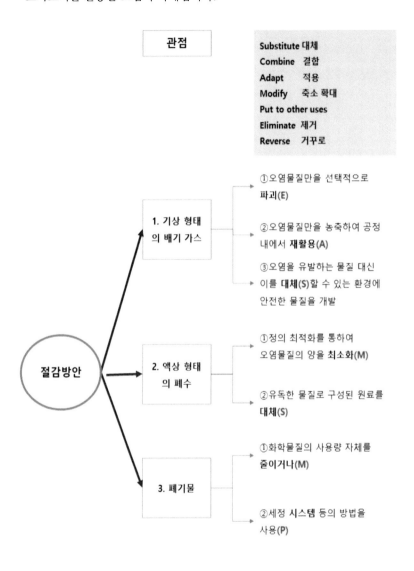

출처: https://brunch.co.kr/@hfeel/16

25

MANDAL-ART

만다라트(Mandal-Art)는 아이디어 발상하기(Ideate) 단계에서 사용하며, 일본의 디자이너 이마이즈미 히로아키가 1987년에 고안한 3x3 매트릭스를 사용하는 아이디어 발상 도구입니다.

Manda(본질의 깨달음) + la(달성 및 성취) + art(기술)의 합성어로 본질을 깨닫는 기술, 목적을 달성하는 기술을 뜻합니다.

가운데 블록에 주제를 쓰고 그것을 둘러싼 8개의 블록에 각각 주제에 관련 있거나 주제와 연결된, 또는 주제로부터 생각나는 것을 써 나가는 방법인데, 이렇게 하면 주제 1가지, 그 주제를 이루기 위한 세부 아이디어 8가지, 그리고 각 세부 아이디어를 이루기 위한 방법 8가지 씩 총 64가지의 아이디어가 생겨 납니다.

만다라트를 통해 생각을 더욱 쉽게 정리하고 한 눈에 조합하여 확인할 수 있어 목표를 관리하는 데 활용할 수 있습니다.

주제에 대해 발상을 할 때 해결점, 아이디어, 생각들을 Who, Why, What, Where, When을 통해 질문하며 확장해 나가면 생각하지 못했던 여러 아이디어를 발상할 수 있습니다.

[사용방법]

① 1.3x3 매트릭스를 그려 가운데 주제를 적습니다.

② 떠오르는 키워드를 주변의 빈칸에 적습니다.

만다라트(Mandal-Art)

몸관리	영양제 먹기	FSQ 90kg	인스텝 개선	몸통 강화	축 흔들지 않기	각도를 만든다	위에서부터 공을 던진다	손목 강화
유연성	몸 만들기	RSQ 130kg	릴리즈 포인트 안정	제구	불안정 없애기	힘 모으기	구위	하반신 주도
스테미너	가동역	식사 저녁7술갈 아침3술갈	하체 강화	몸을 열지 않기	멘탈을 컨트롤	볼을 앞에서 릴리즈	회전수 증가	가동력
뚜렷한 목표·목적	일희일비 하지 않기	머리는 차갑게 심장은 뜨겁게	몸 만들기	제구	구위	축을 돌리기	하체 강화	체중 증가
핀치에 강하게	멘탈	분위기에 휩쓸리지 않기	멘탈	8구단 드래프트 1순위	스피드 160km/h	몸통 강화	스피드 160km/h	어깨주변 강화
마음의 파도를 안만들기	승리에 대한 집념	동료를 배려하는 마음	인간성	운	변화구	가동력	라이너 캐치볼	피칭 늘리기
감성	사랑받는 사람	계획성	인사하기	쓰레기 줍기	부실 청소	카운트볼 늘리기	포크볼 완성	슬라이더 구위
배려	인간성	감사	물건을 소중히 쓰자	운	심판을 대하는 태도	늦게 낙차가 있는 커브	변화구	좌타자 결정구
예의	신뢰받는 사람	지속력	긍정적 사고	응원받는 사람	책읽기	직구와 같은 폼으로 던지기	스트라이크 볼을 던질 때 제구	거리를 상상하기

출처: https://tong.joins.com/archives/15633

③ 8개의 블록을 채워 만다라트를 완성합니다.

④ 8개의 칸이 다 채워지면 끝나지만, 아이디어를 좀 더 원한다면 8개의 블록 중에서 한 가지 키워드를 뽑아 새로운 만다라트를 만들고 같은 방법으로 진행하면 됩니다.

[사례]

▌오타니 쇼헤이 만다라트

몸관리	영양제 먹기	FSQ 90Kg	인스텝 개선	몸통강화	축을 흔들리지 않기	각도를 만든다	공을 위에서 던진다	손목강화
유연성	**몸 만들기**	RSQ 130Kg	릴리즈 포인트 인정	**제구**	불안정함을 없애기	힘 모으기	**구위**	하체 주도로
스태미너	가동역	식사 저녁 7수저 (가득)	하체강화	몸을 열지않기	멘탈 컨트롤 하기	볼을 앞에서 릴리즈	회전수업	가동력
뚜렷한 목표 목적을 가진다	일회일비 하지 않기	머리는 차갑게 심장은 뜨겁게	**몸 만들기**	**제구**	**구위**	축을 돌리기	하체강화	체중증가
핀치에 강하게	**멘탈**	분위기에 휩쓸리지 않기	**멘탈**	**8구단 드래프트 1위**	**스피드 160km/h**	몸통강화	**스피드 160km/h**	어깨주의 강화
마음의 파도를 만들지 말기	승리에 대한 집념	동료를 배려하는 마음	**인간성**	**운**	**변화구**	가동력	라이너 캐치볼	피칭을 늘리기
감성	사랑받는 사람	계획성	인사하기	쓰레기 줍기	부실 청소	카운트볼 늘리기	포크볼 완성	슬라이더의 구위
배려	**인간성**	감사	물건을 소중히 쓰자	**운**	심판분을 대하는 태도	늦게 낙차가 있는 커브	**변화구**	좌타자 결정구
예의	신뢰받는 사람	지속력	플러스 사고	응원받는 사람이 되자	책읽기	직구와 같은 폼으로 던지기	스트라이크 에서 볼을 던지는 제구	거리를 이미지한다

출처: https://m.post.naver.com/viewer/postView.nhn?volumeNo=16461359&memberNo=388927

만다라트는 일본의 괴물 투수로 불리는 오타니 쇼헤이가 고등학교 1학년 때 작성했던 것을 공개하면서 유명해졌습니다.

오타니는 '8구단 드래프트 1순위'라는 최종 목표를 중심으로 8가지 계획을 짠 후, 그 계획을 달성하기 위한 세부 실천 계획을 작성했습니다.

하나의 최종 목표를 달성하기 위해 총 64개의 실천 계획을 세우는 것입니다.

임상백 선수의 목표달성표 사례입니다.

일찍 일어나기	행동 바르게 하기	사우나 자주 가기	자기관리	경기 운영능력	130이닝	150km 던지기	85kg 만들기	존경받는 선수
스트레스 받지 않기	자기관리	인사 잘하기	몸	선발 8승	몸 만들기	1군 투수	올해 계획 달성	선발 자리
게임하기	책 읽기	섣부른 판단 않기	기도	제구력	구위	인간성	믿음이 가는 선수	좋은 선배/후배 되기
경기감각	많은 경험	이미지 트레이닝	자기관리	선발 8승	올해 계획 달성	달리기	요가	홍초 마시기
마인드 컨트롤	경기 운영능력	조언 듣기	경기 운영능력	FA하기	유연성	골반 강화	유연성	수영
영상 시청	제구력 키우기	변화구 만들기	제구력	구위	몸 만들기	좋은 습관	필라테스	스트레칭 20분
일정한 투구	일정한 동작	밸런스 운동	체중을 뒤에 싣기	릴리스포인트 앞에 두기	하체 위주 투구	웨이트 트레이닝	장거리 러닝	팔굽혀펴기
자신감	제구력	복근운동	몸무게 증가	구위	빠른 팔 스로잉	많은 식사량	몸 만들기	비타민 섭취
경기감각	타자 전력분석	어깨 열리지 않기	자신감 있는 투구	어깨 강화	보강운동	보약 먹기	낮잠 자기	빠른 기상 습관

출처: http://news.mk.co.kr/newsReadPrint.php?year=2016&no=63809

26

CREATIVE MATRIX

크리에이티브 매트릭스(Creative Matrix)는 아이디어 발상하기(Ideate) 단계에서 사용하며, 아이디어가 더 이상 나오지 않을 때에 창의적 매트릭스를 사용하여 생각의 경계를 확장 하는 도구입니다.

팀원들이 개별적으로 각 셀을 살펴보고 아이디어를 생각해 내도록 하고, 셀 단위로 팀 구성원에게 아이디어가 무엇인지 물어보고 캔버스에 추가토록 합니다. 채우기가 어려운 특정 셀이 있는 경우 이해가 되지 않거나 단순히 익숙하지 않기 때문인지 확인하고, 후자의 경우는 가능하면 채우기를 시도하고, 그렇지 않으면 건너 뛰면 됩니다.

[사용방법]

① CATEGORIES ON THE LEFT: 각 세그먼트에 대해 채널, 가치 제안 및 수

익 모델과 같이 제시하려는 다양한 항목을 추가하십시오.

② CUSTOMER SEGMENTS UP TOP: 다른 고객 세그먼트를 위쪽에 배치하십시오.

③ DON'T OVERTHINK IT!: 원하는 만큼 열을 추가할 수 있으나 지나치게 욕심부리지 않는 것이 좋습니다.(총 20개 이하의 셀이 적당)

④ AIM FOR UNIQUENESS: 독특한 창의적 아이디어를 목표로 합니다. 각 셀에 여러 가지 아이디어를 생각해 냅니다.

⑤ SPICE IT UP: 카테고리에 맞지 않는 '와일드 카드' 행을 추가하여 흥미를 더하게 하십시오.

크리에이티브 매트릭스(Creative Matrix)

출처: https://designabetterbusiness.com/

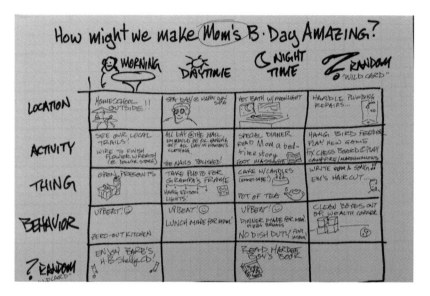

출처: https://dawidnaude.com/design-thinking-tools-the-creative-matrix-dfe0d15427d

출처: https://twitter.com/agilechristiane/status/748700206045097984

출처: http://www.bethkanter.org/design-thinking

27

POSITIONING MAP

포지셔닝 맵(Positioning Map)은 아이디어 발상하기(Ideate) 단계에서 사용하며, 도출된 아이디어를 상품화 하여 어떠한 포지셔닝을 할 것인지 시각화 한 도구입니다.

포지셔닝은 시장 내 고객에게 자사의 브랜드, 서비스, 제품 등을 자리매김 하는 것을 이야기 합니다. 따라서 포지셔닝은 고객들에게 자사의 서비스를 마음에 들게 하여 마케팅 전

출처: http://fmccloevallejo.blogspot.com/2019/01/brand-positioning-map.html

략을 수립하는 활동이라고 할 수 있습니다.

포지셔닝의 핵심은 타사와는 다른 차별적 경쟁우위를 확보하여 고객의 니즈를 잘 충족시켜줄 수 있는 차별화에 있고, 특히, 표적시장에 유용합니다.

포지셔닝 맵의 전략적 유용성은 다음과 같습니다.

① 시장의 빈 곳 파악
② 자사제품 위치 파악
③ 경쟁자 위치 파악
④ 경쟁 강도 파악
⑤ 이상점 파악

포지셔닝 맵(Positioning Map)

[사용방법]

① 타겟으로 정한 고객이 서비스를 사용할 때 무엇을 중요시 하는지 2가지 지표를 선정(Price, Quality 등)

② 2가지 지표를 축으로 한 매트릭스를 그림

③ 서비스나 제품의 시장 위치에 따라 명칭, 로고, 사진 등으로 배치

④ 포지셔닝 맵을 보면서 타사와 차별화 할 수 있는 독자적인 포지션을 찾음.

　◦ 한 공간에 경쟁자들이 집중적으로 위치해 있다면 경쟁이 심한 곳임

　◦ 타사가 진입하지 않은 공간에 자사가 진입하면 성공의 가능성은 커짐

　◦ 신제품 기회를 확인할 수 있으며 고객들의 인지 위치를 확인할 수 있음

[사례]

브랜드 관련 사례입니다.

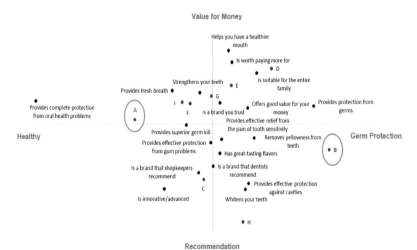

출처: https://www.wns.com/insights/blogs/blogdetail?343=reading-the-consumer%E2%80%99s-mind-using-brand-positioning-map

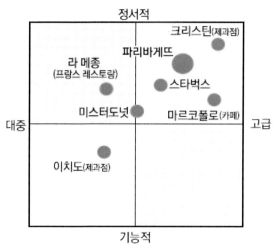

출처: https://dbr.donga.com/graphic/view/gdbr_no/1946

경쟁분석 관련 사례입니다.

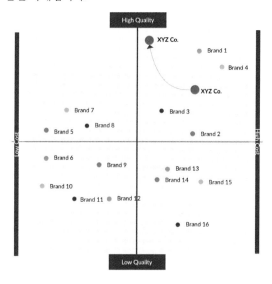

출처: https://creately.com/usage/perceptual-map-template-example

28

VALUE PROPOSITION CANVAS

가치 제안 캔버스(Value proposition canvas)는 아이디어 발상하기 (Ideate) 단계에서 사용하며, 도출된 아이디어를 상품화 하여 어떻게 고객에게 전달 할 것인지 시각화 하는 도구입니다.

Strategyzer AG의 Alex Osterwalder가 개발 한 것으로, 고객이 해야 할 일, 고통, 이득은 물론 고객에 대한 제안을 포함하여 고객을 진정으로 이해할 때 사용합니다.

항상 고객과 중심에 두고 작업해야 하며, 고객이 실제로 높은 수준에서 누구 인지에 대해 토론하는 것입니다. 그러면 누구를 위해 디자인 할 것인지에 대한 몇 가지 결정을 내릴 수 있습니다. 각 고객에 대해 하나씩 여러 캔버스를 작성해야 할 수도 있습니다.

[사용방법]

① Persona: 이 제안에 대해 어떤 고객 세그먼트를 염두에 두고 있습니까?

② Job-to-be-done: 당신의 고객이 일이나 생활에서 하려는 일은 무엇입니까? 이것들은 기능적 일 수도 있고 사회적 일 수도 있습니다. 고객이 가지고있는 기본 요구 사항은 무엇입니까?(감정적 또는 개인적)

③ Gains: 고객을 괴롭게 하는 것은 무엇입니까? 고객의 활동을 방해하는 기본 사항은 무엇입니까?

④ Pains: 고객을 행복하게 만드는 것은 무엇입니까? 어떤 결과를 기대하고 어떤 것이 그들의 기대를 뛰어 넘을까요? 사회적 이익, 기능적 및 재정적 이익을

가치 제안 캔버스(Value proposition canvas)

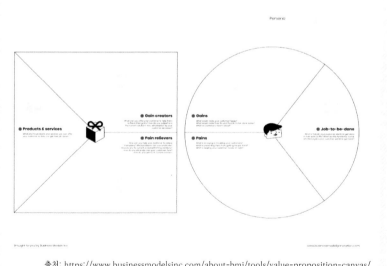

출처: https://www.businessmodelsinc.com/about-bmi/tools/value-proposition-canvas/

생각하십시오.

⑤ Gain creators: 고객이 자신의 고통을 덜어 주도록 어떻게 도울 수 있습니까? 그들이 어떻게 도울 수 있는지에 대해 명시하십시오.

⑥ Pain relievers: 확보된 고객이 수익을 달성 할 수 있도록 고객에게 무엇을 제공 할 수 있습니까?(양과 질면에서)!

⑦ Products & services: 고객이 업무를 완수 할 수 있도록 고객에게 제공 할 수 있는 제품 및 서비스는 무엇입니까?

[사례]

임금 관련 사례입니다.

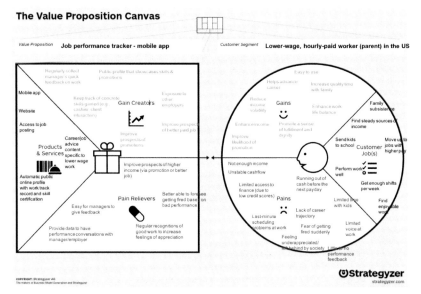

출처: https://medium.com/@dpi662.fall2016/value-proposition-canvas-e747ef3a055d

디자인 관련 사례입니다.

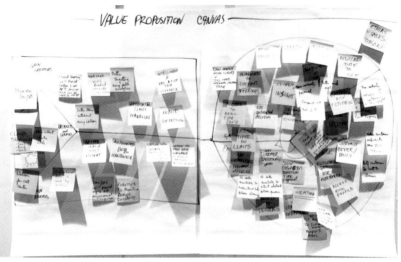

시리아 교육부 사례입니다.

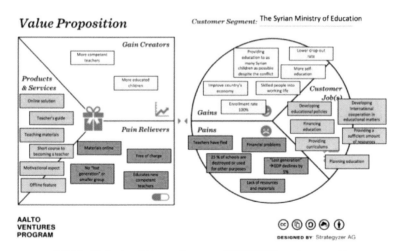

29

STORYTELLING CANVAS

스토리텔링 캔버스(Storytelling Canvas)는 아이디어 발상하기(Ideate) 단계에서 사용하며, 아이디어를 상품화하여 고객에게 이해하기 쉽도록 이야기 형식으로 구성 할 수 있도록 도와주는 도구입니다.

스토리텔링 캔버스는 시각적이고 매력적이며, 통찰력 있고 제어되고 영감을 주는 요소를 활용하여 공감하는 스토리를 집합적으로 디자인 할 수 있습니다.

스토리를 디자인 할 때 이해해야 할 것은 목표가 있어야 한다는 것입니다. 청중이 알고 느끼거나 나중에 무엇을 하기를 원하는지 명확히 해야 합니다. 달성하고자 하는 것을 아는 것 외에도 청중이 누구인지 이해 해야 합니다. 그들이 무엇에 관심이 있는지, 왜 그들이 당신의 이야기를 들어야 하는지 알아야 합니다.

[사용방법]

① Subject: 이야기의 제목과 주제는 무엇입니까?

② Goal: 달성하고자 하는 목표는 무엇입니까? 왜 이야기를 하나요?

③ Audience: 귀하의 청중은 누구입니까? 페르소나로 매핑하세요!

④ Before: 청중은 스토리텔링을 듣기 전에 무엇을 생각하고, 느낄까요?

⑤ Set the Scene: 청중이 사물의 분위기에 빠지는 데 도움이 되는 컨텍스트 (감정, 윤리 또는 사실을 기반으로)를 만듭니다.

⑥ Make Your Point: 청중과 함께 마음의 변화를 지원하는 데 도움이 될 주요

스토리텔링 캔버스(Innovation Matrix)

출처: https://designabetterbusiness.com/

메시지는 무엇입니까?

⑦ Conclusion: 스토리텔링에서 논증, 사실, 일화는 무엇입니까? 그것들을 어디에 둘 건가요?

⑧ After: 청중은 스토리텔링을 들은 후 무엇을 느끼고, 생각하고, 알고, 원할까요?

[사례]

wework 사례입니다.

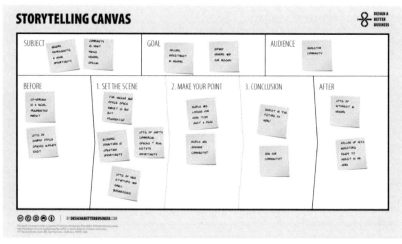

출처: https://designabetterbusiness.com/2017/10/04/future-work-wework-story

스토리텔링은 고객에게 프로젝트의 결과물을 이야기 형태로 전달하는 것이므로 여러가지 형태로 만들 수 있습니다.

다른 하나로 스토리텔링 시나리오(Storytelling Scenario)를 소개합니다.

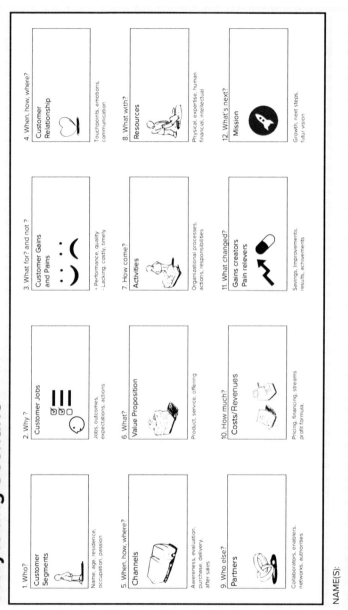

출처: https://cooperathon.d3center.ca/docs/en/business-model-storytelling-scenario

30

CONCEPT SKETCH

컨셉 스케치(Concept Sketch)는 아이디어 발상하기(Ideate) 단계에서 사용하며, 아이디어를 컨셉화 하여 종이에 시각화 하는 것으로 프로토타이핑을 위한 첫 단계를 수행하는 가장 빠르고 효과적인 도구입니다.

아이디어를 시각화 하려고 할 때, 머리속에만 있는 추상적인 생각을 즉시 접할 수 있습니다.

스케치를 효과적으로 사용하기 위해 그림을 잘 그릴 필요는 없습니다. 정사각형이나 삼각형을 거의 그릴 수 없더라도 아이디어를 스케치하는 과정은 추상적인 아이디어에서 다른 사람들이 이해하는 것으로 나아가는 데 엄청난 도움이 될 것입니다.

그림을 그릴 때 청중이 그림을 어떻게 인식하는지 생각하고 그들은 잘 이해할 수 있도록 하여야 합니다.

이미지가 완성되면 다른 사람들에게 보여주고 그들이 본 것을 설명하도록 요청하십시오. 그들의 반응에서 많은 것을 배울 것입니다. 그들은 무엇을 보는지, 그들이 무엇을 이해하지 못하는지 파악하여 보완하면 됩니다.

[사용방법]

①컨셉명 : 컨셉 제목을 잘 알아볼 수 있도록 한 문장으로 작성합니다.

②컨셉 설명 : 컨셉이 어떤 의미를 갖는지 설명합니다.

③컨셉의 장·단점 : 컨셉이 갖고 있는 장점과 단점을 작성합니다.

컨셉 스케치(Concept Sketch)

•컨셉명 :

•컨셉 설명 :

•컨셉 장점 :

•컨셉 단점 :

[사례]

카페 음료 트레이 사례입니다.

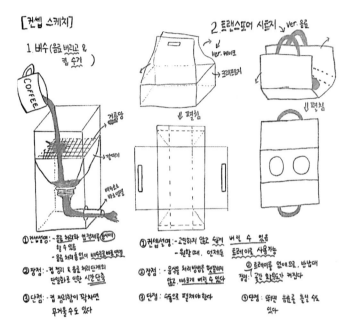

대형마트 관련
사례입니다.

캠핑 관련 사례입니다.

CHAPTER 4

평가 도구
Evaluation Tools

31

DOT VOTING

도트 보팅(Dot Voting)은 여러 단계에서 사용하나, 주로 아이디어 발상하기(Ideate) 단계에서 사용하며, 도트 스티커를 이용하여 여러 개의 제안 중 선택을 하는 방법으로, 가장 쉬우면서도 시각적으로 효과가 있는 우선순위 결정 도구입니다.

작은 원형의 스티커를 이용하는데, 원하는 제안에 중복되지 않게 1개를 투표하기도 하고, 중복하여 3개의 제안에 1개씩 투표하기도 합니다. 또는, 가중치를 주어 1위에는 3개, 2위에는 2개, 3위에는 1개 등 필요에 따라 규칙을 정하고 필요한 양만큼 각자에게 스티커는 나눠주고 투표를 하는 과정을 거치게 됩니다.

[사용방법]

① 플립챠트(화이트보드) 등에 도출된 제안을 기록합니다.

② 모든 팀원들에게 정해진 도트 스티커를 나누어 줍니다.

③ 각자 자신이 원하는 제안에 스티커를 붙입니다.

④ 가장 많은 스티커를 받은 제안이나 상위 3개 정도를 채택합니다.

[사례]

출처: https://medium.com/tag/dot-voting-technique/archive

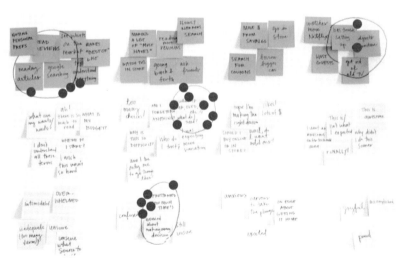

출처: https://samplecic.ch/dot-voting-a-simple-decision-making-and-prioritizing-technique-in-ux-3.html

32

FIST TO FIVE

피스트 투 파이브(Fist To Five)는 여러 단계에서 사용하나, 주로 아이디어 발상하기(Ideate) 단계에서 사용하며, 여러 개의 아이디어 중 우선순위를 결정할 때 지지 또는 동의 정도를 손가락 수로 표시하는 일종의 Multi-Voting 도구입니다.

[사용방법]

① 리더는 우선순위를 결정해야 할 아이디어를 제시합니다.

② 리더는 아이디어에 대한 지지 or 동의 정도를 손가락 수로 표시하도록 요청합니다. 한 손만 허용하여 손가락은 최대 5개입니다.

③ 리더는 각 아이디어에 대해 팀원들의 손가락 수량을 집계하여 아이디어 옆에 기재합니다.

④ 최종 아이디어 까지 집계가 끝나면, 점수가 높은 것부터 순위를 표시합니다.

(5개의 아이디어를 원하면 5위 까지만 선정)

⑤ 동점으로 원하는 순위가 초과하면 동점인 최종 순위의 아이디어만 다시 진행합니다.

⑥ 손가락 수에 대한 의미부여: 1개(강한 부정), 2개(약한 부정), 3개(중간),
                          4개(약한 긍정), 5개(강한 긍정)

[사례]

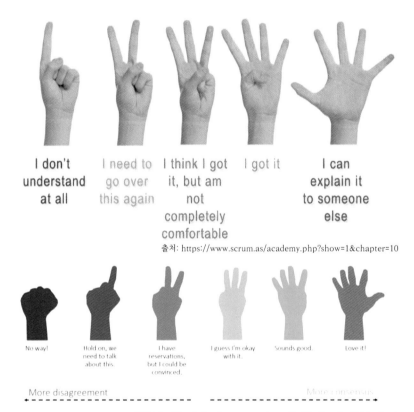

I don't understand at all

I need to go over this again

I think I got it, but am not completely comfortable

I got it

I can explain it to someone else

출처: https://www.scrum.as/academy.php?show=1&chapter=10

No way!

Hold on, we need to talk about this

I have reservations, but I could be convinced.

I guess I'm okay with it.

Sounds good.

Love it!

More disagreement

More consensus

출처: https://realschoolimprovement.com/facilitation-tip-fist-to-five/

33

NOMINAL GROUP TECHNIQUE

명목집단법(Nominal Group Technique)은 아이디어 발상하기(Ideate) 단계에서 사용하며, 여러 대안들 중 하나를 선택하는 데 중점을 둔 구조화된 집단 의사결정 도구입니다.

1968년 A. Delbecq와 Q. Van de Ven이 처음으로 개발한 기법으로, 참가자들이 항목이나 문제 선택, 그리고 의사결정 프로세스에서 동등한 목소리를 내도록 하기 위한 수단으로 점점 유명하게 되었습니다.

'**명목(名目)**'이란 독립적으로 행동하는, 이름만으로 집단을 구성함을 뜻합니다. 서로 다른 분야에 있는 사람들을 명목상의 집단으로 간주하고 각자에게 자유로운 아이디어를 지면으로 받아, 익명성을 보장하는 방식으로 문제해결을 시도하는 기법입니다. 구성원들이 모이기는 하나 구두로 서로 의사소통 하도록 용납하지 않는 과정을 뜻합니다. 따라서, 의사결정 진행 중 팀원들 간의 토론이나 의견 개진이 허용되지 않습니다. 여기서 명목집단은 구성원들 간의 상호작용을 전제로 하는 집단과 달리, 상호작용을 억제하기 때문에 명목상의 집단으로 불립니다. 그렇기에 '명목'이라는 용어가 사용되며 'NGT'라고도 합니다.

　명목집단법은 의사결정 도구이지만 현장 관찰 결과를 정리하는데도 유용하게 사용할 수 있습니다

[사용방법]

① 1.5~10명의 구조화 된 집단모임으로 테이블에 둘러 앉습니다.

② 서로 말하지 않고 종이에 자신의 의견을 기록 합니다.

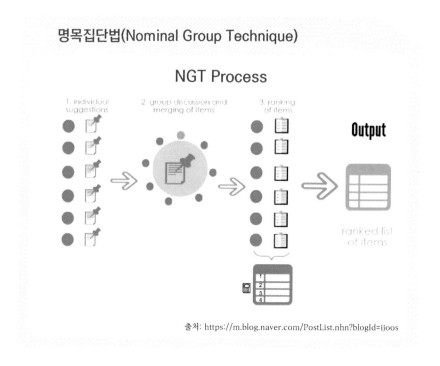

출처: https://m.blog.naver.com/PostList.nhn?blogId=ijoos

③ 5분 후에 각자가 자신의 의견을 발표하여 공유합니다.

④ 지명된 한 사람이 기록자로서 화이트보드에 구성원 전체의 모든 의견을 익명으로 기록하고, 그때까지 토의는 시작하지 않습니다.

⑤ 투표를 하기 전에 각 의견에 대한 구조적 토의가 이루어지는 과정에서 각 아이디어의 지지도를 분명히 하기 위해 질문을 계속 합니다.

⑥ 필요할 경우 투표를 통해 우선순위를 결정합니다.

[사례]

  진행하는 모습과 결과물 사례입니다.

출처: http://blog.daum.net/sig101/13638960

단계별로 진행하는 사례입니다.

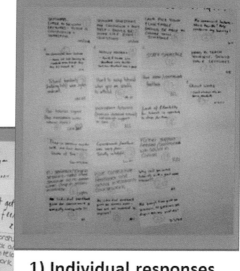

1) Individual responses

2) Clarification and consolidation

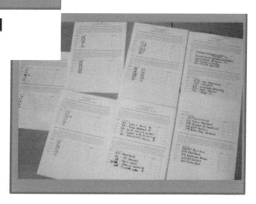

3) Ranking responses

출처: http://howitcouldbedifferent.org/uploads/1375999176345.png

34

MATRIX TEST

매트릭스 평가(Matrix Test) 아이디어 발상하기(Ideate) 단계에서 사용하며, 서로 다른 두 개의 관점을 이용하여 평가하는 깃으로, 두 개의 관점은 서로 갈등 관계로 네 분면이 뚜렷한 특징을 가져야 합니다.

2가지를 소개해 드립니다. 첫째, 아이젠하워 매트릭스(Eisenhower Matrix)는 미국의 아이젠하워 대통령이 고안했다고 하여 붙여진 이름인데 사분면으로 이루어진 매트릭스에 Y축은 일의 중요도, X축은 시급성을 나타냅니다. 시급하고 중요한 활동에 집중할 수 있는 것을 선택하도록 도와줍니다.

총 4가지로 구분하는데 ①순위는 시급하면서 중요한 업무로, 즉시 처리해야 할 업무입니다. ②-③순위(1)는 시급하지는 않지만 중요한 업무입니다. 즉시 처리하지 않아도 되어 뒤로 미룰 수 있습니다. ②-③순위(2)는 시급하지만 중요하지는 않은 업무입니다. 시급하지만 중요한 일이 아니어서 다른 사람에게 위임할 수 있습니다. ④순위는 시급하지도 않고 중요하지도 않은 업무입니다. 이런 업무는 여유 있을 때 처리하면 됩니다.

둘째, 페이오프 매트릭스(Pay-off Matrix)는 아이젠하워 메트릭스와 유사하나 평가 기준이 조금 다릅니다.

평가 기준이 실행하는 데 따른 필요한 시간이나 노력 등 투자 대비 효과를 평가하는 것으로, 개관적인 평가를 하는데 도움이 됩니다.

①순위는 투입은 적으나 효과가 큰 것으로 반드시 해야 하는 것입니다. ②-③순위(1)는 투입도 크고 효과도 큰 것으로 장기적인 전략이 필요한 것입니다. ②-③(2)순위는 투입도 적고 효과도 적은 것으로 즉시 실천하여 간단히 처리하면 되는 것입니다. ④순위는 투입은 큰데 효과가 적은 것으로 버리면 되는 것입니다.

매트릭스 평가(Matrix Test)

① **Eisenhower Matrix**: 중요성과 시급성으로 평가

구분	시급성 낮음	시급성 높음
중요성 높음	②-③ 순위(1)	① 순위
중요성 낮음	④ 순위	②-③ 순위(2)

② **Pay-off Matrix**: Value(효과, 가치)와 Input(투입, 비용)으로 평가

구분	Input 큼	Input 적음
Value 큼	②-③ 순위(1)	① 순위
Value 적음	④ 순위	②-③ 순위(2)

[사례]

아이젠하워 매트릭스 사례입니다.

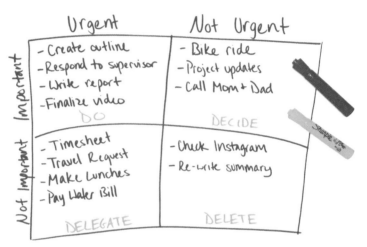

출처: https://coupleofteachers.com/2020/04/24/the-eisenhower-matrix

	URGENT	NOT URGENT
IMPORTANT	QUADRANT I Important/Urgent Pressing problems, deadline driven projects 'DO'	QUADRANT II Important/Not Urgent Prevention, relationship building, planning 'DECIDE'
NOT IMPORTANT	QUADRANT III Not Important/Urgent Interruptions, some calls/emails/meetings, popular activities 'DELEGATE'	QUADRANT IV Not Important/Not Urgent Trivia, busy work, some calls/emails, time wasters, pleasant activities 'DELETE'

출처: https://primeyourpump.com/2019/07/16/eisenhower-matrix

페이오프 매트릭스 사례입니다.

Example: The payoff matrix in Prisoner's Dilemma (punishment = imprisoned years)

B A	Prisoner B	
	Cooperation	Defection
Prisoner A — Cooperation	A: 2 years B: 2 years	A: 10 years B: 0 year
Prisoner A — Defection	A: 0 year B: 10 years	A: 5 years B: 5 years

Example: Our replicated payoff matrix for growth inhibition effect on Prisoner coli (A: Prisoner A, B: Prisoner B, C: Cooperation, D: Defection)

A B	C	D
C	A: low B: low	A: high B: none
D	A: none B: high	A: middle B: middle

출처: http://2015.igem.org/Team:Tokyo_Tech/Project

35

NUF TEST

NUF 테스트(NUF Test)는 아이디어 발상하기(Ideate) 단계에서 사용하며, 발굴된 아이디어를 빠르게 평가하는 도구로서 아이디어를 선정할 때 활용합니다.

NUF(New, Useful, Feasible)의 3가지 기준으로 평가하게 됩니다.

[사용방법]

① New: 해당 아이디어의 기존 존재여부 등 아이디어의 신선함에 기준을 두고 평가합니다.

② Useful: 해당 아이디어의 프로젝트 해결

	NEW	USEFUL	feasible
promotional bat-mobile	7	2	6 = 15
Facebook Group	0	3	10 = 13
Austin bat tours	0	6	8 = 14
guano fertilizer	8	9	5 = 22
sponsors for bat colonies	10	4	1 = 15

출처: https://www.sessionlab.com/methods/nuf-test

가능성에 기준을 두고 평가합니다.

③ Feasible: 해당 아이디어의 실현 가능성에 기준을 두고 평가 합니다.

NUF TEST

[사례]

	NEW	USEFUL	FEASIBLE	
PERSONAL SHOPPER	O	9	5	= 14
RANDOM GIFT IDEA GENERATOR	4	4	8	= 16
SPECIALIZED GIFT APP → Ai	8	9	7	= 24

출처: https://designsprint.newhaircut.com/problem-framing-v2-part-1-of-4-5bbb236000f7

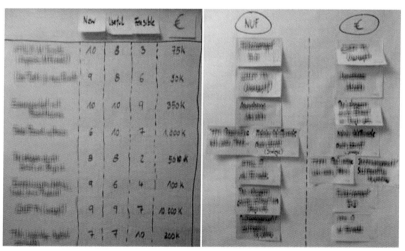

출처: https://roessler.blog/2012/04/13/6-3-5-brainwriting-2020-vision-nuf-test

36

USABILITY TEST

사용성 테스트(Usability Test)는 고객 테스트(Test) 단계에서 사용하며, 사용자(고객)에게 사용해 보게 하여 고객이 제품을 사용하는 동안 관찰 및 분석을 통해 문제점과 개선사항을 찾아내기 위한 도구입니다.

이를 통해, 사용자 제품 만족도 제고, 제품의 완성도 및 효율성 향상, 개발 생산성 대비 낮은 에러 발생, 쉬운 학습 및 이해도 향상, 높은 품질 및 완성도 향상, 사용자 실수 최소화 등의 효과를 볼 수 있습니다.

특히, 소프트웨어 제품을 작업하는 모든 사람에게 필수적입니다.

제품이 처음 출시 될 때 당연히 완벽하게 만들어지지 않게 됩니다. 내부적으로 몇 가지 문제를 발견 할 수 있지만 사용성 테스트는 우리가 모르는 문제를 찾는데 많은 도움이 됩니다. 또한 디자인이 사용자에게 적합하지 않은 지 알게 되는데 도움이 되며 사용자가 제품을 사용할 때 제품에 대해 어떻게 느끼는지에 대한 귀중한 피드백을 얻을 수 있습니다.

사용성 테스트 시 고려사항으로는 사용성과 더불어 고객의 감성적 측면 만족도, 기본 기능 구현에 따른 기본 기능 테스트 누락 방지, 테스트 참여 인원의 자율적 테스트 환경이 좋은 품질 보장, 자세한 기능 설명, 구현방법은 자제하여 충분한 테스트 제공 등이 있습니다.

사용성 테스트(Usability Test)

Usability Test Process

① Planning	② Design	③ Execution	④ Report
∘평가 목적 및 대상 분석	∘테스트 디자인	∘진행 스크립트 작성	∘결과 분석
.원천 기획안 학습	.단일/비교 테스트	∘사전 테스트	.질적/양적 데이터 분석
.사용자 집단 환경 정의	.질적/양적 결과 데이터 정의	.연습 시행	.3P 결과 분석
∘사용자 태스크 분석	∘테스트 참가자 선정	.진행 스크립트 수정	∘보고서 작성
.주요기능 및 태스크 추출	.참가자 수 결정	∘본 테스트 진행	.사용성 문제점 종합
	.참가자 무작위 추출	.사용자 버벌(Verbal)	.심각성 분석
	.참여 안내/동의서 작성	.사용자 이벤트	.개선 운선순위 분석
	∘과업 선정	.관찰사항 체크	
	.과업분석, 순서/지침 작성		
사용성 테스트 계획서	사용성 테스트 설계서	질적/양적 Raw Data	사용성 테스트 결과보고

[시행 시기에 따른 분류]

항목	Formative 테스트	Summative 테스트
시행시기	제품 제작 중간	제품 제작 후반부에 시행
개념	실세 시스템 형성에 도움 되는 방법	총괄적으로 수행
목적	사용성 문제점 발견, 디자인 결정	데이터 검증 결과
방법	Usability test, A-B	벤치마크, A-B 테스트
장점	주요 문제 빠른 탐색	–

[사용성 테스트 유형]

구분	목적	방법
탐색 테스트	초반 디자인 컨셉, 유효성 평가	페이퍼 목업, 화면 디자인
평가 테스트	초·중반 컨셉의 효율성 평가	정량적 자료, 과제 수행
검증 테스트	후반 사용성 보증, 표준 부합여부	실행척도(속도, 정확도, 선호도 등)
비교 테스트	초·중·후반, 대안 평가	인터페이스 스타일, 요소의 평가

[사례]

사용성 테스트
진행 장면입니다.

출처: https://www.nngroup.com/articles/usability-testing-101

소프트웨어 관련 사례입니다.

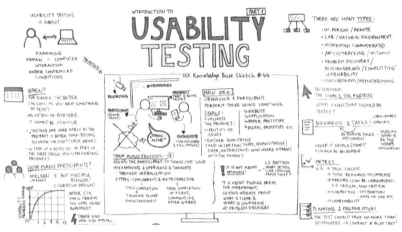

출처: https://uxknowledgebase.com/usability-testing-part-1-e00a94974c79

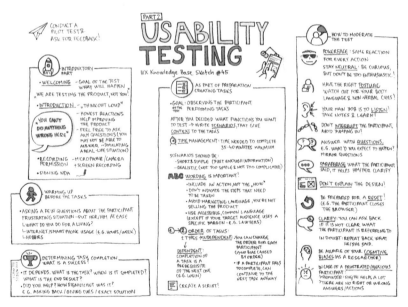

출처: https://uxknowledgebase.com/usability-testing-part-2-4f27e8a6521e